Inhaltsangabe

A. Betriebsrat / Mitbestimmung 4

B. Berufsausbildung 9

C. Berufliche Bildung 14

D. Lebenslanges Lernen 19

E. Unternehmensformen 24

F. Rechtsgeschäfte und Geschäftsfähigkeit 28

G. Kaufvertrag 32

H. Verbraucherschutz 36

I. Der Betrieb 41

J. Existenzgründung 46

K. Sozialversicherung 51

L. Soziale Sicherung / Nachhaltigkeit 55

M. Gerichtsbarkeit 60

N. Der Staat und seine Institutionen / Wirtschaftspolitik 63

O. Grundlagen Betriebswirtschaft und Volkswirtschaft 67

P. Steuern und Abgaben 71

Q. Arbeitssicherheit 75

R. Internationale und nationale Organisationen 80

S. Euro / Zahlungsverkehr 85

T. Gemischte WiSo-Fragen 89

U. Gemischte WiSo-Fragen 93

V. Gemischte WiSo-Fragen 97

Lösungsblatt Vordruck 101

A. Betriebsrat / Mitbestimmung

Die Anzahl der richtigen Antworten ist bei den Fragen angegeben.

Situation zu den Fragen 1 - 4

In einem mittelständischen Unternehmen für Informationstechnologie arbeiten etwa 200 Angestellte. Der Betriebsrat hat kürzlich eine Umfrage zur Zufriedenheit der Mitarbeiter durchgeführt und plant, die Ergebnisse in einer Betriebsversammlung zu präsentieren. Es gibt Fragen zu den Rechten des Betriebsrates und den anstehenden Tarifverhandlungen.

Frage 1: In welchem Abstand wird der Betriebsrat gewählt? 1 richtige Antwort

a) Alle 4 Jahre
b) Alle 3 Jahre
c) Alle 2 Jahre
d) Der Abstand wird durch die Geschäftsleitung festgelegt.

Frage 2: Wer nimmt an der Betriebsversammlung teil? 1 richtige Antwort

a) Nur die Gewerkschaftsmitglieder des Betriebes
b) Nur die Gewerkschaftsmitglieder und die gewählten Betriebsräte
c) Alle Mitarbeiter des Betriebes
d) Die Geschäftsleitung und der Betriebsrat

Frage 3: Einem Arbeitnehmer wird gekündigt ohne den Betriebsrat zu hören. Welche Aussage ist richtig? 1 richtige Antwort

a) Die Kündigung ist wirksam. Die Geschäftsführung braucht den Betriebsrat nicht hinzuzuziehen.
b) Die Kündigung ist nicht wirksam. Kündigungen nimmt nur der Betriebsrat vor.
c) Die Kündigung ist nicht wirksam, da laut Betriebsverfassungsgesetz der Betriebsrat zu hören ist.
d) Die Kündigung ist wirksam, wenn der Betriebsrat zuvor informiert wurde.

Frage 4: Wer vertritt bei Tarifverhandlungen die Interessen der Arbeitnehmer? 1 richtige Antwort

a) Der Betriebsrat der Unternehmen
b) Die zuständige Gewerkschaft
c) Die Sozialversicherungsverbände
d) Die Berufsgenossenschaft

Frage 5: Ordnen Sie die Rechte des Betriebsrates entsprechend zu.

1. Einführung eines neuen Produktes. 2. Beginn und Ende der Arbeitszeiten. 3. Versetzung eines Mitarbeiters. 4. Belegung von Mitarbeiterwohnungen. 5. Einstellung einer leitenden Mitarbeiterin.	a) Mitbestimmungsrecht b) Anhörungsrecht c) Informationsrecht

Frage 6: Die Pausenzeiten sollen geändert werden. Welches Recht hat der Betriebsrat? 1 richtige Antwort

a) Der Betriebsrat hat ein Mitbestimmungsrecht.
b) Der Betriebsrat hat ein Mitwirkungsrecht.
c) Der Betriebsrat braucht nur informiert zu werden (Informationsrecht).
d) Der Betriebsrat bestimmt allein über die Pausenregelung nach dem Alleinvertretungsrecht.

Frage 7: Wer wählt die Jugend- und Auszubildendenvertretung? 1 richtige Antwort

a) Nur Auszubildende und Arbeitnehmer unter 18 Jahren.
b) Nur Auszubildende und Arbeitnehmer unter 21 Jahren.
c) Alle Mitarbeiter des Betriebes unter 25 Jahren.
d) Alle Auszubildenden (unabhängig vom Alter) und die Beschäftigten unter 18 Jahren.

Frage 8: In welchem Fall kann die Maßnahme erst durch Zustimmung des Betriebsrates wirksam werden? 1 richtige Antwort

a) Es sollen neue langfristige Kredite aufgenommen werden.
b) Die Betriebsferien / Werksferien werden festgelegt.
c) Es sollen neue Firmenwagen für die Verkaufsabteilung angeschafft werden.
d) Die Bonuszahlungen für die Vorstände / Geschäftsführung werden neu festgelegt.

Frage 9: Sie möchten in Ihre Personalakte einsehen. Auf welches Gesetz können Sie sich beziehen? 1 richtige Antwort

a) Bürgerliches Gesetzbuch (BGB)
b) Handelsgesetzbuch (HGB)
c) Betriebsvereinbarung
d) Betriebsverfassungsgesetz

Frage 10: Sonja Sommer wurde in den Betriebsrat gewählt. Ordnen Sie nachfolgende Aussagen entsprechend zu.

1. Frau Sommer erhält einen Gehaltszuschlag wegen besonderer Belastungen. 2. Für Mitglieder des Betriebsrates gilt ein „Besonderer Kündigungsschutz“. 3. Eine außerordentliche Kündigung von Frau Sommer aus „wichtigem Grund“ ist möglich. 4. Mit dem Ende der Amtszeit als Betriebsrat endet auch der „Besondere Kündigungsschutz“. 5. Alle Betriebsratsmitglieder müssen Mitglied der entsprechenden Gewerkschaft sein.	a) Richtig b) Falsch

Frage 11: In welchem Abstand wird die Vertretung der Jugendlichen und Auszubildenden gewählt? 1 richtige Antwort

a) Nach Bedarf
b) Alle 3 Jahre
c) Alle 2 Jahre
d) Alle 4 Jahre

Frage 12: Wer trägt die Kosten für die Wahl des Betriebsrates? 1 richtige Antwort

a) Der Staat
b) Der Arbeitgeber
c) Die Gewerkschaft
d) Der Betriebsrat

Frage 13: Welche Vereinbarungen sind üblicherweise im Manteltarifvertrag geregelt? 2 richtige Antworten

a) Löhne und Gehälter
b) Dauer des Urlaubs
c) Eingruppierung in Lohn- und Gehaltsstufen
d) Einstellungs- und Kündigungsbedingungen

Frage 14: Welche Aussagen zu einer Betriebsvereinbarung sind richtig?
2 richtige Antworten

a) Die Betriebsvereinbarung ist ein Vertrag zwischen dem Arbeitgeber und dem Betriebsrat, in dem verbindliche Normen festgelegt werden.
b) Die Betriebsvereinbarung regelt die Gehaltsstruktur für alle Betriebe einer Branche.
c) Die Betriebsvereinbarung gilt in der Regel nur für den Betrieb, für den sie vereinbart worden ist.
d) Die Betriebsvereinbarung besagt, dass der Betriebsrat immer eingeschaltet werden muss.

Frage 15: Ordnen Sie die Rechtsgrundlage entsprechend zu.

1) Eine Kündigung ohne die Anhörung des Betriebsrates ist unwirksam.	a) Jugendarbeitsschutzgesetz
	b) Tarifvertrag
2) Die regelmäßige wöchentliche Arbeitszeit im Elektrohandwerk in Niedersachsen beträgt 38,5 Stunden.	c) Kündigungsschutzgesetz
	d) Betriebsverfassungsgesetz
3) Eine Kündigungsschutzklage muss innerhalb von 3 Wochen eingereicht werden.	e) Jugendschutzgesetz
4) Ein Entgeltausfall darf durch den Besuch der Berufsschule nicht eintreten.	f) Mutterschutzgesetz

Lösungen zu Fragenblock A

Frage 1: a

Frage 2: c

Frage 3: c

Frage 4: b

Frage 5: 1c, 2a, 3b, 4a, 5c

Frage 6: a

Frage 7: d

Frage 8: b

Frage 9: d

Frage 10: 1b, 2a, 3a, 4b, 5b

Frage 11: c

Frage 12: b

Frage 13: b, d

Frage 14: a, c

Frage 15: 1d, 2b, 3c, 4a

B. Berufsausbildung

Bei den Multiple-Choice-Aufgaben ist jeweils eine Antwort pro Frage richtig.

Frage 1: In der beruflichen Ausbildung wird vom "Dualen System" gesprochen. Was ist damit gemeint?

a) Der Ausbildungsvertrag wird von 2 Parteien (Auszubildende/r und Betrieb) unterschrieben.
b) Die IHK führt 2 verschiedene Prüfungen durch, die praktische und die schriftliche Prüfung.
c) Die Berufsausbildung wird durch die Berufsschule und den Ausbildungsbetrieb durchgeführt.
d) Die Zusammenarbeit von Betrieb und Industrie- und Handelskammer oder Handwerkskammer wird als "Duales System" bezeichnet.

Frage 2: In der Berufsausbildung sind die Ausbildungsinhalte festgelegt. Wo können Sie diese Inhalte nachlesen?

a) Ausbildungsberufsbild und Ausbildungsrahmenplan
b) Ausbildungsberufsbild und Ausbildungsvertrag
c) Ausbildereignungsverordnung und Rahmenstoffplan
d) Ausbildungsrahmenplan und Prüfungsrichtlinien

Frage 3: Sie werden beauftragt, einer/m Bewerber/in einen Personalfragebogen zuzusenden. Handelt es sich um eine zulässige oder unzulässige Frage?

1. Haben Sie einen Führerschein? 2. Liegt eine Schwangerschaft vor? 3. Welchen Schulabschluss haben Sie? 4. Welche Zensuren haben Sie in den Fächern Mathematik und Physik? 5. Sind Sie Mitglied einer Gewerkschaft?	a) Zulässige Frage b) Unzulässige Frage

Situation zu den Fragen 4 - 7
In einem mittelständischen Unternehmen, das sich auf die Herstellung von elektronischen Bauteilen spezialisiert hat, steht die Einstellung von mehreren neuen Auszubildenden an. Die Personalverantwortliche, Frau Schneider, hat bereits einige Bewerbungen gesichtet.

Frage 4: Frau Schneider erhält eine Bewerbung von einem jungen Mann ohne Schulabschluss. Darf der Betrieb den jungen Mann auch ohne Schulabschluss ausbilden?

a) Nein, für eine Ausbildung im Dualen System ist ein Schulabschluss Voraussetzung.
b) Nein, da er wahrscheinlich den schulischen Teil nicht schaffen wird.
c) Nein, die Berufsschule nimmt ihn ohne Schulabschluss nicht auf.
d) Ja, für die Berufsausbildung im "Dualen System" gibt es keinen vorgeschriebenen Schulabschluss.

Frage 5: Es wird eine neue Auszubildende eingestellt. Jutta Müller ist 19 Jahre und freut sich auf ihre Ausbildung. Der Betrieb will mit ihr einen Ausbildungsvertrag abschließen. Welche Aussage ist richtig?

a) Der Ausbildungsvertrag kommt zustande durch die Unterschrift von Jutta Müller und dem Vertreter des Ausbildungsbetriebes.
b) Der Ausbildungsvertrag bedarf der Unterschrift der Eltern von Jutta Müller, da diese sie finanziell unterstützen.
c) Der Ausbildungsvertrag bedarf einer besonderen Form, da Jutta Müller schon volljährig ist.
d) Ein mündlich geschlossener Ausbildungsvertrag zwischen Jutta Müller und dem Ausbildungsbetrieb wäre unwirksam.

Frage 6: Wie lange darf die Probezeit im Berufsausbildungsvertrag nach dem Berufsbildungsgesetz dauern?

a) Die Probezeit beträgt 3 Monate.
b) Die Probezeit liegt zwischen 1 Monat und 6 Monaten.
c) Die Probezeit beträgt 4 Monate.
d) Die Probezeit muss zwischen 1 Monat und 4 Monaten liegen.

Frage 7: Ist eine Verlängerung der Probezeit möglich?

a) Eine Verlängerung ist nicht vorgesehen, da der Auszubildende besonderen Schutz genießt.
b) Eine Verlängerung ist möglich, wenn noch nicht absehbar ist, ob der Auszubildende geeignet ist.
c) Eine Verlängerung ist möglich, wenn der Auszubildende $^{1}/_{3}$ der Ausbildungszeit ausfällt, z. B. durch Krankheit. Diese Möglichkeit muss vorher vereinbart worden sein.
d) Eine Verlängerung ist möglich, wenn beide Parteien dies möchten.

Frage 8: Hannelore Haase erhält einen Ausbildungsplatz als Kauffrau im Einzelhandel. Sie ist am 18. Februar 17 Jahre alt geworden. Wie hoch ist ihr Urlaubsanspruch?

a) Mindestens 30 Werktage
b) Mindestens 25 Werktage
c) Mindestens 27 Werktage
d) Mindestens 23 Werktage

Frage 9: Ein Bewerber möchte seine Ausbildung zum Industriekaufmann verkürzen. In welchem Fall wäre das möglich?

a) Mit Abitur wäre eine Kürzung um 12 Monate möglich.
b) Mit einem guten Hauptschulabschluss ist eine Kürzung um 9 Monate anzustreben.
c) Eine Kürzung der Ausbildungszeit ist generell nicht möglich.
d) Eine Kürzung ist nur innerhalb der Ausbildung durch gute Leistungen nach § 45 Berufsbildungsgesetz möglich.

Frage 10: Welche Regelung im Ausbildungsvertrag wäre <u>nicht</u> mit geltendem Recht zu vereinbaren und somit nichtig?

a) Berechnung des Urlaubes
b) Festlegung von Vertragsstrafen bei Verletzung des Ausbildungsvertrages
c) Dauer der Probezeit
d) Höhe der Ausbildungsvergütung

Frage 11: Bei der Berufsausbildung sind verschiedene Gesetze und Verordnungen zu berücksichtigen. Ordnen Sie die Stichpunkte der entsprechenden Rechtsgrundlage zu.

1. Dauer der Ausbildungszeit	
2. Zusammensetzung des Prüfungsausschusses	a) Betriebsverfassungsgesetz
3. Anforderungen in der Zwischen- und Abschlussprüfung	b) Jugendarbeitsschutzgesetz
	c) Ausbildungsordnung
4. Mitbestimmung des Betriebsrates	d) Prüfungsordnung der zuständigen Stelle
5. Regelung der Pausen bei Jugendlichen	
6. Erstuntersuchung, Nachuntersuchung bei jugendlichen Auszubildenden	

Frage 12: Wo finden Sie Regelungen zur Arbeitszeit?

a) Tarifvertrag
b) Handelsgesetzbuch
c) Landesverfassung
d) Bürgerliches Gesetzbuch

Frage 13: Wo wird der Berufsausbildungsvertrag bei der „Dualen Berufsausbildung“ zur Eintragung eingereicht?

a) Berufsschule
b) Industrie- und Handelskammer oder Handwerkskammer
c) Arbeitsagentur
d) Einwohnermeldeamt

Frage 14: Wie lang ist die gesetzliche Kündigungsfrist bei einem Berufsausbildungsvertrag während der Probezeit?

a) 6 Wochen zum Monatsende
b) 4 Wochen zum Monatsende
c) Es gibt keine Kündigungsfrist.
d) Während der Probezeit ist keine Kündigung möglich.

Frage 15: Welches Beispiel fällt <u>nicht</u> unter die Pflichten von Auszubildenden?

a) Maschinen und Gegenstände des Betriebes sind sorgsam zu behandeln.
b) Die Anweisungen von Ausbilder und Ausbildenden sind zu befolgen.
c) Über Betriebsgeheimnisse ist Stillschweigen zu wahren.
d) Nach 6-stündiger Berufsschule ist im Betrieb die Arbeit fortzuführen.

Lösungen zu Fragenblock B

Frage 1: c

Frage 2: a

Frage 3: 1a, 2b, 3a, 4a, 5b

Frage 4: d

Frage 5: a

Frage 6: d

Frage 7: c

Frage 8: c (Es zählt das Alter zu Beginn des Kalenderjahres.)

Frage 9: a

Frage 10: b

Frage 11: 1c, 2d, 3c, 4a, 5b, 6b

Frage 12: a

Frage 13: b

Frage 14: c

Frage 15: d

C. Berufliche Bildung

Bei den Multiple-Choice-Aufgaben ist jeweils eine Antwort pro Frage richtig.

Situation zu den Fragen 1 - 3

> **Auszug aus dem Gesetz zum Schutze der arbeitenden Jugend (Jugendarbeitsschutzgesetz - JArbSchG)**
>
> § 11 Ruhepausen, Aufenthaltsräume
>
> (1) Jugendlichen müssen im Voraus feststehende Ruhepausen von angemessener Dauer gewährt werden. Die Ruhepausen müssen mindestens betragen:
>
> 1. 30 Minuten bei einer Arbeitszeit von mehr als viereinhalb bis zu sechs Stunden,
> 2. 60 Minuten bei einer Arbeitszeit von mehr als sechs Stunden.
>
> Als Ruhepause gilt nur eine Arbeitsunterbrechung von mindestens 15 Minuten.
>
> (2) Die Ruhepausen müssen in angemessener zeitlicher Lage gewährt werden, frühestens eine Stunde nach Beginn und spätestens eine Stunde vor Ende der Arbeitszeit. Länger als viereinhalb Stunden hintereinander dürfen Jugendliche nicht ohne Ruhepause beschäftigt werden.

Max Fiedler ist 17 Jahre alt und macht eine Ausbildung zum Kaufmann im Einzelhandel.

Frage 1: Wie hoch ist sein Pausenanspruch während eines 8 Stunden Tages? Tragen Sie das Ergebnis in das Kästchen ein.

Frage 2: Wie lange darf er ohne Pause arbeiten? Tragen Sie das Ergebnis in das Kästchen ein.

Frage 3: Der Ausbilder legt seine Pause an das Ende der Arbeitszeit, so dass Max früher gehen kann. Nehmen Sie dazu Stellung.

a) Es ist erlaubt, da ein Grund vorliegt.
b) Es ist erlaubt, wenn das Einverständnis der Eltern vorliegt, da Max noch nicht volljährig ist.
c) Es ist erlaubt, da das Jugendarbeitsschutzgesetz in der Gastronomie nur eingeschränkt gilt.
d) Nein, es ist nach dem Jugendarbeitsschutzgesetz nicht erlaubt.

Situation zu den Fragen 4 - 5
Hanna Haase (16 Jahre) macht eine Ausbildung als Hotelfachfrau. Im Hotelgewerbe wird auch im Schichtdienst gearbeitet.

Frage 4: Ist es erlaubt, dass Hanna nach einem Spätdienst am nächsten Tag einen Frühdienst antreten muss?

a) Nein, nach einem Spätdienst dürfen Auszubildende keinen Frühdienst machen.
b) Nein, bei einem Wechsel von Spätdienst auf Frühdienst muss ein freier Tag eingebunden werden.
c) Ja, es müssen aber 12 Stunden Freizeit zwischen den Schichten gewährt werden.
d) Ja, es müssen aber 15 Stunden Freizeit zwischen den Schichten gewährt werden.

Frage 5: Hanna Haase hat 1 x die Woche Berufsschule. Wie wird diese Zeit auf die Arbeitszeit angerechnet?

a) Ein Berufsschultag mit mehr als 5 Stunden wird mit 8 Stunden auf die Arbeitszeit angerechnet.
b) Ein Berufsschultag mit mehr als 4 Stunden wird mit 7 Stunden auf die Arbeitszeit angerechnet.
c) Ein Berufsschultag mit mehr als 6 Stunden wird mit 8 Stunden auf die Arbeitszeit angerechnet.
d) Ein Berufsschultag mit mehr als 4 Stunden wird mit 6 Stunden auf die Arbeitszeit angerechnet.

Frage 6: Wer kann sich in die Jugend- und Auszubildendenvertretung wählen lassen?

a) Nur Mitarbeiter des Betriebes unter 18 Jahre.
b) Die Arbeitnehmer des Betriebes unter 25 Jahren und zur Berufsausbildung Beschäftigte (unabhängig vom Alter).
c) Nur Mitarbeiter des Betriebes unter 21 Jahre.
d) Alle Auszubildenden, wenn sie vom Betriebsrat zugelassen wurden.

Frage 7: Ordnen Sie die Aussagen zur Zwischenprüfung entsprechend zu.

Aussage	
1. Eine schlechte Zwischenprüfung kann zu einer Beendigung des Ausbildungsvertrages führen.	a) Richtig
2. Die Noten der Zwischenprüfung haben einen großen Einfluss auf das Zeugnis der Berufsschule.	b) Falsch
3. Die Teilnahme an der Zwischenprüfung ist Voraussetzung für die Teilnahme an der Abschlussprüfung.	
4. Das Nicht-Bestehen der Zwischenprüfung hat die Nicht-Zulassung zur Abschlussprüfung zur Folge.	

Frage 8: Sonny Mikojetz ist eine sehr gute Auszubildende als Kauffrau für Büromanagement. Ihr Berufsschulzeugnis nach Abschluss des zweiten Lehrjahres hat einen Durchschnitt von 1,7 in den Hauptfächern. Kurz nach Erhalt des Zeugnisses teilt Sonny im Betrieb mit, dass sie ihre Ausbildung verkürzen möchte. Welche Aussage ist richtig?

a) Nein, eine Verkürzung ist nicht möglich. Diese hätte schon bei Beginn des Ausbildungsverhältnisses beantragt werden müssen.
b) Nein, eine Verkürzung ist nicht möglich. Die Leistungen in der Berufsschule reichen dafür nicht aus.
c) Nein, der noch nötige Ausbildungsstoff ist ihr in der kurzen Zeit nicht zu vermitteln.
d) Ja, ihre Leistungen im Betrieb und in der Berufsschule sprechen für eine Verkürzung.

Frage 9: Die Auszubildende Silke Kiewel besteht ihre Abschlussprüfung mit dem letzten Prüfungsteil am 25. Juni. Die Ergebnisse werden ihr noch am gleichen Tag mitgeteilt. Ihr Ausbildungsvertrag läuft noch bis zum 31. Juli. Wann endet das Ausbildungsverhältnis?

a) Am 25.06.
b) Am 31.07.
c) Am Tage der Freisprechung
d) Am Ende des Monats, an dem die letzte Prüfung stattfand. In diesem Fall am 30.06.

Frage 10: Der Auszubildende Peter Portimann fällt durch die Prüfung. Kann diese wiederholt werden? Wenn ja, wie oft?

a) Nein, eine Wiederholung ist nicht möglich.
b) Ja, die Prüfung kann 1-mal wiederholt werden.
c) Ja, die Prüfung kann 2-mal wiederholt werden.
d) Ja, die Prüfung kann 3-mal wiederholt werden.

Frage 11: Peter Portimann ist am 12.06. durch die Prüfung gefallen. Am 31.07. endet sein Ausbildungsvertrag. Er möchte seine Ausbildung verlängern bis zur nächsten Prüfung. Muss der Ausbildungsbetrieb das ermöglichen?

a) Nein, der Betrieb muss der Verlängerung nicht zustimmen.
b) Ja, wenn Peter Portimann das verlangt.
c) Die Entscheidung erfolgt durch den Ausbildungsberater der zuständigen Stelle.
d) Nein, da der Ausbildungsbetrieb damit rechnet, dass er die Wiederholungsprüfung auch nicht schaffen wird.

Frage 12: Die Geschäftsführung teilt Ihnen mit, dass aus wirtschaftlichen Gründen leider keine Auszubildenden in ein festes Arbeitsverhältnis übernommen werden können. Welche Aussage dazu ist richtig?

a) Der Ausbildungsvertrag endet mit Fristablauf oder bestandener Prüfung. Eine Kündigung ist nicht notwendig.
b) Der Arbeitgeber muss den Auszubildenden mit entsprechenden Fristen kündigen.
c) Der Arbeitgeber muss die Auszubildenden weiter beschäftigen, bis diese einen neuen Arbeitsplatz gefunden haben.
d) Der Arbeitgeber ist verpflichtet, Auszubildende mindestens 6 Monate zu übernehmen.

Frage 13: Muss der Ausbildungsbetrieb dem Auszubildenden ein Zeugnis ausstellen?

a) Nein, diesen weiteren Aufwand kann man nicht verlangen.
b) Nein, das Zeugnis wird durch die Berufsschule ausgestellt.
c) Nein, aber auf freiwilliger Basis kann der Betrieb ein Ausbildungszeugnis ausstellen.
d) Ja, der Betrieb ist verpflichtet, ein Zeugnis auszustellen.

Frage 14: Was ist der Unterschied zwischen einem normalen Arbeitszeugnis und einem qualifizierten Arbeitszeugnis?

a) Das qualifizierte Arbeitszeugnis enthält zusätzlich Angaben über Verhalten und Leistung des Auszubildenden.
b) Das qualifizierte Arbeitszeugnis wird zusätzlich vom zuständigen Ausbilder unterschrieben.
c) Das qualifizierte Arbeitszeugnis enthält eine genaue Beschreibung der Ausbildungsinhalte.
d) Das qualifizierte Arbeitszeugnis enthält Angaben über die körperliche Leistungsfähigkeit und die Krankheitstage.

Frage 15: Wer unterschreibt das Ausbildungszeugnis?

a) Der Auszubildende
b) Der Ausbildende und evtl. der verantwortliche Ausbilder
c) Der Ausbilder und ein Vertreter der Berufsschule
d) Der Ausbilder und der Auszubildende

Lösungen zu Fragenblock C

Frage 1: 60 Minuten

Frage 2: 4 ½ Stunden

Frage 3: d

Frage 4: c

Frage 5: a

Frage 6: b

Frage 7: 1b, 2b, 3a, 4b

Frage 8: d

Frage 9: a

Frage 10: c

Frage 11: b

Frage 12: a

Frage 13: d

Frage 14: a

Frage 15: b

D. Lebenslanges Lernen

Die Anzahl der richtigen Antworten ist bei den Fragen angegeben.

Frage 1: Wo erhält man Informationen über eine mögliche Förderung einer Weiterbildung? 2 richtige Antworten

a) Arbeitsberatung der Arbeitsagenturen
b) Gewerbeamt
c) Bürgerbüro
d) Direkt beim Anbieter der Maßnahme

Frage 2: Ordnen Sie die nachfolgenden „Bildungsbegriffe" entsprechend zu.

1. Aufgrund einer Mehlallergie beginnt ein Bäckergeselle eine Ausbildung zur Fachkraft für Lagerlogistik. 2. Ein Elektriker bildet sich zum Elektrikermeister weiter. 3. Ein Schäfer möchte einen neuen Beruf erlernen, da er in seiner jetzigen Tätigkeit keine Zukunft mehr sieht. 4. Eine Industriekauffrau legt die Ausbildereignungsprüfung ab, um demnächst auszubilden.	a) Berufliche Fortbildung b) Umschulung

Frage 3: Was kennzeichnet eine Maßnahme der beruflichen Fortbildung? 2 richtige Antworten

a) Sie führt zu einer anderen beruflichen Tätigkeit.
b) Sie baut auf einer Qualifikation auf, die in einem Ausbildungsberuf erworben wurde.
c) Sie ist immer mit einer Gehaltserhöhung verbunden.
d) Durch Fortbildung erreichte Qualifikationen werden meist durch Prüfungen nachgewiesen.

Frage 4: Warum wird Weiterbildung im Beruf für Arbeitnehmer immer wichtiger? 2 richtige Antworten

a) Berufliches Wissen muss erhalten und sollte weiter ausgebaut werden.
b) Durch Arbeitszeitverkürzung steht immer weniger Zeit für die betrieblichen Aufgaben zur Verfügung.
c) Die Kenntnisse müssen der schneller werdenden technischen Entwicklung angepasst werden.
d) Durch Weiterbildung im Beruf erhöht sich der Urlaubsanspruch.

Frage 5: Wer ist für die Überwachung von Umschulungsmaßnahmen nach dem Berufsbildungsgesetz zuständig? 1 richtige Antwort

a) Arbeitsagentur
b) Industrie- und Handelskammer / Handwerkskammer
c) Berufsschule
d) Deutsches Institut für Erwachsenenbildung

Frage 6: In welchem Gesetz ist die finanzielle Förderung in der beruflichen Fortbildung geregelt? 1 richtige Antwort

a) Berufsbildungsgesetz (BBiG)
b) Bürgerliches Gesetzbuch (BGB)
c) Handelsgesetzbuch (HGB)
d) Sozialgesetzbuch (SGB 3)

Frage 7: Was sind die Besonderheiten an dualen Studiengängen? 2 richtige Antworten

a) Beim dualen Studium werden zwei Studiengänge gleichzeitig belegt.
b) Ein duales Studium hat meist einen hohen Praxisbezug.
c) Es werden die Lernorte (Hochschule/Akademie und Betrieb) verbunden.
d) Nach Abschuss des dualen Studienganges werden nur sehr wenige Studenten vom Betrieb übernommen.

Frage 8: Ferdinand Fleißig möchte in Zukunft als Ausbilder im Betrieb fungieren. Welche Anforderungen werden an einen Ausbilder gestellt? 3 richtige Antworten

a) Der Ausbilder muss fachlich kompetent sein.
b) Er soll Erfahrung im Umgang mit jungen Menschen haben.
c) Er sollte gezielt die passenden Ausbildungsmethoden einsetzen.
d) Er muss Mitglied im Prüfungsausschuss der zuständigen Stelle sein.

Frage 9: Was ist unter beruflicher Flexibilität zu verstehen? 1 richtige Antwort

a) Die Anforderung, den Beruf im gleichen Betrieb häufiger zu wechseln.
b) Bei Notwendigkeit, den Wohnort zu wechseln.
c) Die Fähigkeit, sich neuen Anforderungen im Beruf zu stellen.
d) Die Möglichkeit, den Arbeitgeber jederzeit zu wechseln.

Frage 10: Die Firma Metallbau Nord AG hat ihr Computersystem umgestellt. Aufgrund der Umstellung werden Berufsbildungsmaßnahmen geplant. Welche Rechte hat der Betriebsrat in diesem Fall? 1 richtige Antwort

a) Der Betriebsrat hat ein Mitbestimmungsrecht.
b) Der Betriebsrat hat ein Anhörungsrecht.
c) Der Betriebsrat hat ein Informationsrecht.
d) Der Betriebsrat hat keine Rechte, da es sich um eine unternehmerische Entscheidung handelt.

Situation zu den Fragen 11 - 12
Gloria Meller bereitet eine Präsentation vor, in der sie wichtige Informationen zu einem rechtlichen Thema vermitteln möchte. Sie ist sich jedoch unsicher, ob sie bestimmte geplante Bestandteile verwenden darf, ohne gegen das Urheberrecht zu verstoßen.

Frage 11: Sie fragt sich, ob sie die geplanten Bestandteile verwenden darf. Welcher Bestandteil wäre urheberrechtlich geschützt? 1 richtige Antwort

a) Nennung von Rechtsvorschriften.
b) Einbau einer Skizze aus einem Fachbuch.
c) Einbau eines selbst hergestellten Videoclips.
d) Bezug auf konkrete Fakten.

Frage 12: Welche Aussage zum Urheberrecht ist richtig? 1 richtige Antwort

a) Der Urheber legt fest, wie mit seinen Werken umgegangen wird.
b) Das Urheberrecht gilt nur eingeschränkt für im Internet veröffentlichte Werke.
c) Das Urheberrecht gilt nicht bei betrieblichen Veranstaltungen im Bereich Fortbildung.
d) Das Urheberrecht verbietet die Nutzung eines urheberrechtlich geschützten Werkes auch mit Erlaubnis des Urhebers.

Frage 13: In der nächsten Woche findet eine Weiterbildung statt, die sich mit der Einführung einer neuen E-Mail Software befasst. Wie wird diese Art der Fortbildung genannt? 1 richtige Antwort

a) Gruppenfortbildung
b) Aufstiegsfortbildung
c) Erhaltungsfortbildung
d) Anpassungsfortbildung

Frage 14: Welchem Zweck dient die Datenschutzgrundverordnung (DSGVO)?
1 richtige Antwort

a) Schutz vor Verlust von gespeicherten Daten.
b) Schutz vor Weitergabe von innerbetrieblichen Kennzahlen.
c) Schutz vor Missbrauch personenbezogener Daten.
d) Schutz vor versehentlicher Löschung von Betriebsinterna in der Datenverarbeitung.

Frage 15: Ein potenzieller neuer Arbeitgeber wirbt mit einer betrieblichen Altersvorsorge. Ordnen Sie die Aussagen entsprechend zu.

1. Unter betrieblicher Altersvorsorge versteht man den Aufbau einer Zusatzrente über den Arbeitgeber.	
2. Betriebsrenten müssen später nicht versteuert werden (Generelle Steuerfreiheit).	a) Richtig
3. Die betriebliche Altersvorsorge lohnt sich nur für gut verdienende Angestellte.	b) Falsch
4. Die betriebliche Altersvorsorge ist eine Möglichkeit eine Rentenlücke zu verringern.	

Lösungen zu Fragenblock D

Frage 1: a, d

Frage 2: 1b, 2a, 3b, 4a

Frage 3: b, d

Frage 4: a, c

Frage 5: b

Frage 6: d

Frage 7: b, c

Frage 8: a, b, c

Frage 9: c

Frage 10: a

Frage 11: b

Frage 12: a

Frage 13: d

Frage 14: c

Frage 15: 1a, 2b, 3b, 4a

E. Unternehmensformen

Die Anzahl der richtigen Antworten ist bei den Fragen angegeben.

Frage 1: Ist eine Offene Handelsgesellschaft (OHG) eine juristische Person?
1 richtige Antwort

a) Ja, da die OHG im Handelsregister eingetragen ist.
b) Ja, alle Gesellschaften ab einem gewissen Umsatz sind juristische Personen.
c) Nein, da die OHG nicht im Handelsregister eingetragen ist.
d) Nein, da keine Organe benötigt werden. Die Gesellschafter sind vertretungsberechtigt.

Frage 2: Sie möchten sich über eine Firma informieren und ins Handelsregister einsehen. Unter welchen Voraussetzungen ist das möglich? 1 richtige Antwort

a) Es sind keine Voraussetzungen nötig. Jeder kann ohne Begründung einen Ausdruck anfordern.
b) Sie müssen nachweisen, dass eine Geschäftsbeziehung besteht.
c) Sie benötigen die formlose Erlaubnis der Firma, über die Sie sich informieren wollen.
d) Sie müssen einen berechtigten Grund für die Einsichtnahme nennen.

Frage 3: Ordnen Sie folgende Aussagen zur Personengesellschaft entsprechend zu.

Aussage	
1. Die Haftung bei Personengesellschaften ist unbeschränkt.	a) richtig
2. Die Errichtung durch nur eine Person ist möglich.	b) falsch
3. Die Gründung einer Personengesellschaft ist aufwendiger als die Gründung von Kapitalgesellschaften.	
4. Es besteht eine gesamtschuldnerische Haftung der Gesellschafter.	

Frage 4: Welches sind Merkmale eines Einzelunternehmens? 2 richtige Antworten

a) Der Inhaber haftet mit seinem Firmen- und Privatvermögen.
b) Ein Einzelunternehmen ist bei Banken besonders kreditwürdig.
c) Entscheidungen können schnell getroffen werden.
d) Der Inhaber haftet nur mit dem Firmenvermögen. Das Privatvermögen ist geschützt.

Frage 5: Welche Organe hat eine GmbH? 1 richtige Antwort

a) Hauptversammlung, Aufsichtsrat, Vorstand
b) Gesellschafter, Vorstand, Aufsichtsrat
c) Gesellschafterversammlung, Vorstand und Aufsichtsrat
d) Gesellschafterversammlung, Geschäftsführer und Aufsichtsrat (bei größeren Unternehmen über 500 Mitarbeitern)

Frage 6: Bei einer Aktiengesellschaft ist der Kurs innerhalb von 4 Wochen von 132,50 € auf 112,30 € gesunken. Welche Aussage ist richtig? 1 richtige Antwort

a) Durch eine erhöhte Nachfrage ist der Kurs gesunken.
b) Der Nennwert der Aktie ist gesunken.
c) Der Kursrückgang wirkt sich nicht auf den Nennwert der Aktie aus.
d) Der Nennwert der Aktie ist gestiegen.

Frage 7: Um welche Gesellschaftsform handelt sich bei der Firma „Druckerei Müller GmbH & Co. KG"? 1 richtige Antwort

a) Um eine GmbH
b) Um eine Kommanditgesellschaft
c) Um eine Offene Handelsgesellschaft
d) Um eine Aktiengesellschaft

Frage 8: Zu welchem Zeitpunkt ist eine GmbH fähig, Rechtsgeschäfte abzuschließen? 1 richtige Antwort

a) Mit der Eintragung ins Handelsregister
b) Ab einem von den Gesellschaftern bestimmten Zeitpunkt
c) Mit der Unterschrift unter den Gesellschaftervertrag
d) Dem der Gründung nachfolgenden Monatsersten

Frage 9: Wer haftet bei einer Aktiengesellschaft? 1 richtige Antwort

a) Der Aktionär haftet mit dem Kurswert seiner Aktie, die über dem Nennwert liegt.
b) Der Vorstand und der Aufsichtsrat haften gesamtschuldnerisch.
c) Der Vorstand haftet unbeschränkt.
d) Die Aktiengesellschaft haftet mit ihrem Gesellschaftsvermögen.

Frage 10: Welches der genannten Unternehmen ist eine Personengesellschaft? 1 richtige Antwort

a) Müller Feinkost GmbH
b) Peter Meier, Maschinenbau
c) Kaewel Maschinen AG
d) Meierei Ostsee e.G.

Frage 11: Wie ist bei einer KG die Bezeichnung für den Vollhafter? 1 richtige Antwort

a) Geschäftsführer
b) Kommanditist
c) Komplementär
d) Sekretär

Frage 12: Welche der genannten Unternehmen sind Kapitalgesellschaften?
2 richtige Antworten

a) Peter Müller OHG
b) Lehmann Datentechnik AG
c) Wolfgang Lohmann Autohandel
d) Heizung Wolfrahm GmbH

Frage 13: Peter Porti, Harald Hase und Susi Sesselmann wollen eine Firma gründen. Peter Porti und Harald Hase sollen voll haften. Susi Sesselmann haftet nur mit ihrer Einlage. Wie könnte die Firma heißen? 1 richtige Antwort

a) Porti und Hase KG
b) Porti und Hase GmbH
c) Porti und Hase AG
d) Porti und Sesselmann OHG

Frage 14: Welche Aussagen zur Genossenschaft sind richtig? 2 richtige Antworten

a) Eine Genossenschaft ist ein Zusammenschluss. Die Mitglieder wollen sich gemeinsam wirtschaftlich fördern.
b) Eine Genossenschaft ist ein Zusammenschluss aufgrund ähnlicher politischer Ansichten.
c) Eine Genossenschaft dient der Gewinnmaximierung durch die Zusammenlegung des Geschäftsbetriebes.
d) Die eingetragene Genossenschaft ist eine juristische Person.

Frage 15: Ordnen Sie anhand der Beschreibung die Gesellschaftsform zu.

1) Betrieb eines Handelsgewerbes durch mehrere Personen bei unbeschränkter Haftung.	a) AG
	b) OHG
2) Komplementär haftet mit Privatvermögen, Kommanditist nur mit seiner Einlage.	c) GbR
3) Haftungsbeschränkung auf das Stammkapital. Leitung durch Geschäftsführung.	d) KG
	e) e. G.
4) Die Gesellschaftsform ist für größere Firmen gut geeignet. Firmenanteile werden über die Börse verkauft.	f) GmbH

Lösungen zu Fragenblock E

Frage 1: d

Frage 2: a

Frage 3: 1a, 2b, 3b, 4a

Frage 4: a, c

Frage 5: d

Frage 6: c

Frage 7: b

Frage 8: a

Frage 9: d

Frage 10: b

Frage 11: c

Frage 12: b, d

Frage 13: a

Frage 14: a, d

Frage 15: 1b, 2d, 3f, 4a

F. Rechtsgeschäfte und Geschäftsfähigkeit

Die Anzahl der richtigen Antworten ist bei den Fragen angegeben.

Frage 1: Welches der Beispiele trifft auf ein "einseitiges Rechtsgeschäft" zu?
1 richtige Antwort

a) Sandra Kojetz kauft einen neuen Rasenmäher.
b) Peter Müller mietet eine neue Wohnung.
c) Peter Müller kündigt seine alte Wohnung.
d) Bea Tahler nimmt einen Ratenkredit bei einer Bank auf.

Frage 2: Ein Vertrag kann angefochten werden, wenn ...1 richtige Antwort

a) ...das Geschäft mit einer geschäftsunfähigen Person abgeschlossen wurde.
b) ...ein Scheingeschäft abgeschlossen wurde.
c) ...gegen Formvorschriften verstoßen wurde.
d) ...bei der Abgabe der Willenserklärung ein Irrtum passiert ist.

Frage 3: Welche Aussage zu "Besitz" und "Eigentum" ist richtig? 1 richtige Antwort

a) Besitzer und Eigentümer sind immer identisch.
b) Eigentum ist die anerkannte und tatsächliche Herrschaft einer Person über eine Sache.
c) Besitz ist die anerkannte und tatsächliche Herrschaft einer Person über eine Sache.
d) Besitz ist das umfassendste Recht an einer Sache. Der Besitzer kann die Sache u. a. vermieten und verkaufen.

Frage 4: Die Firma Maschinenbau Müller GmbH braucht einen neuen Transporter. Es stehen Kauf oder Leasing zur Debatte. Welche Aussage ist richtig? 1 richtige Antwort

a) Bei einem Leasingvertrag wird die Firma Maschinenbau Müller Eigentümer des Transporters.
b) Bei einem Leasingvertrag wird die Leasinggesellschaft Eigentümer des Transporters.
c) Die Finanzierung über Leasing ist immer günstiger.
d) Leasing und Mietkauf sind identisch.

Frage 5: Ab wann ist ein Mensch rechtsfähig? 1 richtige Antwort

a) Mit der Geburt
b) Mit der Vollendung des 7. Lebensjahres
c) Mit der Vollendung des 14. Lebensjahres
d) Mit der Vollendung des 18. Lebensjahres

Frage 6: Welche Personengruppe gilt als <u>nicht</u> geschäftsfähig? 1 richtige Antwort

a) Personen unter 7 Jahren
b) Personen, die zwischen 7 und 14 Jahre alt sind.
c) Personen über 18 Jahren
d) Personen ab dem 80. Lebensjahr

Frage 7: Welche Personen sind voll geschäftsfähig? 1 richtige Antwort

a) Alle rechtsfähigen Personen
b) Personen, die das 7. Lebensjahr vollendet haben.
c) Alle volljährigen Personen
d) Personen, die das 14. Lebensjahr vollendet haben.

Frage 8: Ordnen Sie die Aussagen zur Geschäftsfähigkeit entsprechend zu.

1. Geschäftsfähigkeit ist die Fähigkeit, Träger von Rechten und Pflichten zu sein.	
2. Minderjährige, die das 7. Lebensjahr nicht vollendet haben, sind geschäftsunfähig.	a) Richtig
3. Beschränkt geschäftsfähig sind Minderjährige vom vollendeten 7. bis zum vollendeten 18. Lebensjahr.	b) Falsch
4. Rechtsgeschäfte, die beschränkt Geschäftsfähige schließen, sind schwebend unwirksam, wenn sie nicht mit Einwilligung des gesetzlichen Vertreters (meist die Eltern) abgeschlossen werden.	

Frage 9: Welche Rechtsgeschäfte werden erst mit dem Zugang beim Empfänger rechtswirksam? 2 richtige Antworten

a) Auslobung
b) Testament
c) Kündigung
d) Mahnung

Frage 10: Welche Rechtsgeschäfte bedürfen der Schriftform? 2 richtige Antworten

a) Ratenkauf
b) Testament
c) Kaufvertrag
d) Taschengeldgeschäfte

Frage 11: Eine Vertragsart wird wie folgt umschrieben: „Herstellung eines Werkes, zu dem der Unternehmer das benötigte Material liefert.“ Wie wird dieser Vertrag genannt? 1 richtige Antwort

a) Tauschvertrag
b) Leihvertrag
c) Werkvertrag
d) Werklieferungsvertrag

Frage 12: Welche Beschreibung passt zu einem Pachtvertrag? 1 richtige Antwort

a) Entgeltliche Überlassung von Sachen zum Gebrauch.
b) Regelung der Grundlage in einer Gesellschaft.
c) Entgeltliche Überlassung von Sachen zum Gebrauch und Genuss der Früchte.
d) Entgeltlicher Verkauf von Sachen und Rechten.

Frage 13: Welche Aussagen zur Geschäftsfähigkeit sind richtig? 2 richtige Antworten

a) Willenserklärungen beschränkt geschäftsfähiger Personen bedürfen der Zustimmung des gesetzlichen Vertreters.
b) Alle natürlichen Personen ab dem 16. Lebensjahr gelten als unbeschränkt geschäftsfähig.
c) Fehlt die Zustimmung des gesetzlichen Vertreters ist die Willenserklärung einer beschränkt geschäftsfähigen Person schwebend unwirksam.
d) Bei natürlichen Personen beginnt die Geschäftsfähigkeit mit der Geburt und endet mit dem Tod.

Frage 14: In welchen Fällen ist ein Vertrag von Anfang an ungültig (nichtig)? 2 richtige Antworten

a) Bei einem Erklärungsirrtum (z. B. Versprecher)
b) Bei einem Verstoß gegen ein gesetzliches Verbot
c) Bei arglistiger Täuschung
d) Bei Scheingeschäften

Frage 15: Ordnen Sie die Rechtsgeschäfte entsprechend zu.

1) Anfechtung	
2) Darlehensvertrag	a) Einseitiges Rechtsgeschäft
3) Mietvertrag	
4) Testament	b) Zweiseitiges Rechtsgeschäft
5) Werkvertrag	

Lösungen zu Fragenblock F

Frage 1: c

Frage 2: d

Frage 3: c

Frage 4: b

Frage 5: a

Frage 6: a

Frage 7: c

Frage 8: 1b, 2a, 3a, 4a

Frage 9: c, d

Frage 10: a, b

Frage 11: d

Frage 12: c

Frage 13: a, c

Frage 14: b, d

Frage 15: 1a, 2b, 3b, 4a, 5b

G. Kaufvertrag

Die Anzahl der richtigen Antworten ist bei den Fragen angegeben.

Frage 1: Ein Kunde kauft am 14.03. ein neues Fernsehgerät. Es wird vertraglich vereinbart, dass die Lieferung bis zum 28.03. erfolgen muss. Wie nennt man diesen Kauf? 1 richtige Antwort

a) Ratenkauf
b) Fixkauf
c) Kauf auf Abruf
d) Spezifikationskauf

Frage 2: Welche Rechte hat ein Käufer bei Lieferung einer mangelhaften Ware oder Sache grundsätzlich? 1 richtige Antwort

a) Nacherfüllung, Rücktritt vom Vertrag, Minderung des Preises, Schadensersatz, Ersatz vergeblicher Aufwendungen
b) Das Recht auf Nacherfüllung kann er nicht in Anspruch nehmen.
c) Nacherfüllung, Rücktritt vom Vertrag, Minderung des Preises, Schadensersatz, Eidesstattliche Versicherung des Lieferanten
d) Nacherfüllung, Rücktritt vom Vertrag, Minderung des Preises, Zahlung einer Vertragsstrafe des Lieferanten

Frage 3: Ein Verkäufer muss eine Ware entsprechend einer festgelegten Probe liefern. Wie wird dieser Vertrag genannt? 1 richtige Antwort

a) Fixkauf
b) Kauf auf Probe
c) Kauf nach Probe
d) Kauf auf Abruf

Frage 4: Wann sind Mängel zu rügen (beim Handelskauf)? 1 richtige Antwort

a) Die Ware muss bei Eingang kontrolliert werden. Offene und versteckte Mängel sind sofort zu rügen.
b) Die Ware muss bei Eingang kontrolliert werden. Offene Mängel sind sofort zu rügen, versteckte Mängel unverzüglich nach Entdeckung.
c) Beim Handelskauf ist die Ware innerhalb von 14 Tage zu prüfen und innerhalb von 21 Tagen zu rügen.
d) Beim Handelskauf ist die Ware innerhalb von 21 Tagen zu prüfen und innerhalb von 28 Tagen zu rügen.

Frage 5: Welche Aussage zum Kaufvertrag ist richtig?

1. Der Kaufvertrag ist ein einseitiges Rechtsgeschäft. 2. Ein Kaufvertrag muss immer schriftlich erfolgen. 3. Eine Befristung des Angebotes, dass zu einem Kaufvertrag führt, ist ungültig. 4. Der Kaufvertrag ist ein zweiseitiges Rechtsgeschäft.	a) Richtig b) Falsch

Frage 6: In welcher Gruppe werden Kaufverträge genannt, bei denen ein höherer Aspekt auf der Lieferzeit liegt? 1 richtige Antwort

a) Terminkauf, Fixkauf, Kauf auf Abruf
b) Terminkauf, Kauf zur Probe, Barkauf
c) Kauf nach Probe, Fixkauf, Kauf auf Abruf
d) Kauf nach Probe, Kauf zur Probe, Bestimmungskauf

Frage 7: Wie wird ein endgültiger Kauf genannt mit der Absicht, bei Zufriedenheit eine größere Menge zu erwerben? 1 richtige Antwort

a) Kauf auf Abruf b) Kauf nach Probe c) Bestimmungskauf d) Kauf zur Probe

Frage 8: Wodurch kommt ein Kaufvertrag zustande? 1 richtige Antwort

a) Anfrage und Angebot
b) Kundenbestätigung und Mahnung
c) Antrag und Annahme
d) Angebot und Verhandlung

Frage 9: Bei welchen Beispielen handelt es sich um einen „zweiseitigen Handelskauf"? 2 richtige Antworten

a) Ein Einzelhandelsgeschäft kauft Bürobedarf im Großhandel.
b) Für das Unternehmen wird ein neuer Drucker in einem Fachgeschäft gekauft.
c) Ein Unternehmer kauft für seinen Sohn ein Fahrrad.
d) Ein Kollege verkauft sein privates Auto an einen Autohändler.

Frage 10: Welche Pflichten hat der Verkäufer bei einem Kaufvertrag? 2 richtige Antworten

a) Der Verkäufer muss den vereinbarten Preis termingerecht bezahlen.
b) Der Verkäufer muss das Eigentum auf den Käufer übertragen.
c) Der Verkäufer muss mangelfrei und rechtzeitig liefern.
d) Der Verkäufer muss den Kaufvertrag umgehend schriftlich niederschreiben.

Frage 11: Was ist beim Kaufvertrag unter dem Begriff „Holschuld“ zu verstehen? 1 richtige Antwort

a) Der Verkäufer kann sich bei Nichtbezahlung des Kaufpreises die Ware zurückholen.
b) Der Verkäufer muss die Kosten für das Abholen der Ware bezahlen.
c) Der Käufer muss spätestens beim Abholen der Ware den Kaufpreis bezahlen.
d) Der Käufer muss die bereitgestellte Ware oder Leistung beim Verkäufer abholen.

Frage 12: Welche Aussagen zum Gerichtsstand sind richtig? 2 richtige Antworten

a) Mit dem Gerichtsstand wird festgelegt, an welchem Ort Rechtsstreitigkeiten verhandelt werden.
b) Der Gerichtsstand ist immer der Firmensitz des Verkäufers.
c) Der gesetzliche Gerichtsstand ist der Gerichtssitz, in dessen Bezirk der Kläger seinen Wohnsitz hat.
d) Der gesetzliche Gerichtsstand ist der Gerichtssitz, in dessen Bezirk der Beklagte seinen Wohnsitz hat.

Frage 13: Welche Aussagen zum Lieferverzug sind richtig? 2 richtige Antworten

a) Ist der Liefertermin kalendermäßig festgelegt (z. B. 26.03....), kommt der Lieferant erst nach Empfang einer Mahnung in Verzug.
b) Ist der Liefertermin kalendermäßig festgelegt (z. B. 26.03.....), kommt der Lieferant nach Überschreiten des Termins automatisch in Verzug.
c) Erklärt der Lieferant, dass er nicht liefern kann, kommt er ohne Mahnung in Verzug.
d) Erklärt der Lieferant, dass er nicht liefern kann, kommt er nicht in Verzug.

Frage 14: Für ein neues Warenlager wird ein Grundstück erworben. Was ist beim Kaufvertrag eines Grundstückes zu beachten? 1 richtige Antwort

a) Der Kaufvertrag kann mündlich abgeschlossen werden.
b) Die Unterschriften auf dem Kaufvertrag sollten beglaubigt sein.
c) Bei Grundstückskäufen ist der Kaufpreis sofort zu zahlen.
d) Kaufverträge für Grundstücke müssen notariell beurkundet werden.

Frage 15: In Kaufverträgen ist häufig folgender Satz zu finden: „Die Ware bleibt bis zur vollständigen Bezahlung Eigentum des Verkäufers.“ Welche Auswirkungen hat diese Klausel? 2 richtige Antworten

a) Der Verkäufer und der Käufer werden je zur Hälfte Eigentümer der Ware.
b) Der Verkäufer bleibt Besitzer der Ware, der Käufer wird nur Eigentümer.
c) Der Verkäufer bleibt Eigentümer der Ware, der Käufer lediglich Besitzer.
d) Wenn der Käufer seinen Zahlungsverpflichtungen nicht nachkommt, kann der Verkäufer die Herausgabe der Ware verlangen.

Lösungen zu Fragenblock G

Frage 1: b

Frage 2: a

Frage 3: c

Frage 4: b

Frage 5: 1b, 2b, 3b, 4a

Frage 6: a

Frage 7: d

Frage 8: c

Frage 9: a, b

Frage 10: b, c

Frage 11: d

Frage 12: a, d

Frage 13: b, c

Frage 14: d

Frage 15: c, d

H. Verbraucherschutz

Die Anzahl der richtigen Antworten ist bei den Fragen angegeben.

Frage 1: Welche Aussagen zum Verbraucherschutz sind richtig? 2 richtige Antworten

a) Ziel ist es, die Verbraucher in Fragen des privaten Konsums zu informieren, zu beraten, zu unterstützen und rechtlichen Beistand zu leisten.
b) Die Verbraucherzentralen versuchen, Einfluss auf die Gesetzgebung zu nehmen.
c) Rechtsberatung durch Verbraucherzentralen ist für Verbraucher grundsätzlich kostenfrei.
d) Durch den Verbraucherschutz wird die Einhaltung von Mindestlöhnen überwacht.

Frage 2: Welche Aufgaben werden von Verbraucherzentralen wahrgenommen? 2 richtige Antworten

a) Sie legen Preisobergrenzen für Grundnahrungsmittel fest.
b) Sie verschaffen einen Überblick über Waren und Dienstleistungen.
c) Sie ziehen schlecht bewertete Waren aus dem Verkehr.
d) Sie verfolgen Rechtsverstöße durch Abmahnungen und Klagen.

Frage 3: Ordnen Sie zu, ob das Rechtsgeschäft an eine bestimmte Form gebunden ist.

1. Kauf eines teuren Fernsehers inkl. Soundsystem. 2. Verkauf eines Grundstücks an einen Bekannten. 3. Erstellung eines Testaments. 4. Kauf eines neuen Autos.	a) Formfrei b) Nicht formfrei

Frage 4: Auf Ihre Bestellung hin wird eine fehlerhafte elektrische Zahnbürste geliefert. Wie wird dies genannt? 1 richtige Antwort

a) Lieferungsverzug
b) Annahmeverzug
c) Schlechtleistung
d) Nachlieferung

Frage 5: Wie lange haben Sie Zeit, einen Kauf im Internet zu widerrufen?
1 richtige Antwort

a) 7 Tage
b) 14 Tage
c) 21 Tage
d) 1 Monat

Frage 6: Welche Aussagen zum Abzahlungsgeschäft sind richtig? 2 richtige Antworten

a) Der Verbraucher hat ein 4-wöchiges Widerrufsrecht.
b) Der Verbraucher hat ein 2-wöchiges Widerrufsrecht.
c) Ein Widerruf kann nur aus wichtigem Grund erfolgen.
d) Bei Abzahlungsgeschäften zwischen einem Unternehmen und dem Verbraucher ist die Schriftform vorgeschrieben.

Frage 7: Petra Kramer ist umgezogen und möchte eine neue Küche mit einem Überziehungskredit finanzieren. Nehmen Sie dazu Stellung. 2 richtige Antworten

a) Vor dem Kauf sollte ein Gespräch mit der Bank über verschiedene Finanzierungsmöglichkeiten geführt werden.
b) Ein Überziehungskredit ist gut für langfristige Investitionen geeignet.
c) Ein Überziehungskredit ist meist aufgrund der hohen Zinsen teuer.
d) Beim Überziehungskredit sind die Zinsen meist gering.

Frage 8: Ordnen Sie die Beschreibung dem entsprechenden Privatkredit zu.

1. Geduldeter Überziehungskredit	a) Kredit, wenn die Endfinanzierung gesichert ist, aber nicht in Anspruch genommen werden darf, weil deren Auszahlungsvoraussetzungen noch nicht erfüllt sind.
2. Dispositionskredit	b) Kreditbeanspruchung ohne vorherige Bankvereinbarung oder Einräumung eines Überziehungskredits.
3. Ratenkredit	c) Eingeräumte Überziehungsmöglichkeit von z. B. 3 Monatsgehältern.
4. Zwischenkredit	d) Kreditsumme wird in festen monatlichen Teilbeträgen zurückgezahlt.

Frage 9: Was ist unter „Allgemeine Geschäftsbedingungen“ (AGB) zu verstehen? 1 richtige Antwort

a) Es sind vorformulierte Vertragsbedingungen, die eine Vertragspartei der anderen Vertragspartei (dem Vertragspartner) bei Abschluss eines Vertrages stellt.
b) In den AGB werden die Gewährleistungsansprüche ausgeschlossen.
c) Die AGB brauchen von Privatpersonen nicht beachtet zu werden. Sie regeln Rechtgeschäfte unter Kaufleuten.
d) In den AGB werden gesetzliche Rechte von Verbrauchern ausgeschlossen.

Frage 10: Welches der genannten Käufe ist ein Verbrauchsgüterkauf? 1 richtige Antwort

a) Ein Verbraucher kauft von seinem Nachbarn ein gebrauchtes Fahrrad.
b) Ein Verbraucher kauft bei einem Fahrradfachgeschäft ein neues Fahrrad.
c) Ein Fahrradfachgeschäft bezieht vom Großhändler Ersatzteile.
d) Ein Fahrradfachgeschäft nimmt ein Fahrrad von einer Privatperson in Zahlung.

Frage 11: Wie lauten die Reklamationsfristen beim Verbrauchsgüterkauf? 1 richtige Antwort

a) 6 Monate
b) 1 Jahr
c) 2 Jahre
d) 3 Jahre

Frage 12: Sonja Sommer kauft sich einen neuen Kühlschrank. Die Lieferung erfolgt „frei Haus“. Welche Bedeutung hat dieser Zusatz? 1 richtige Antwort

a) Der Verkäufer übernimmt den Transport. Die Kosten dafür trägt der Käufer.
b) Der Verkäufer übernimmt den Transport und auch die Kosten dafür.
c) Der Verkäufer hat dafür zu sorgen, dass der Zugang zum Haus frei ist.
d) Der Käufer holt die Waren ab. Die Kosten für den Transport zum Haus trägt der Verkäufer.

Frage 13: Ordnen Sie die genannten Verjährungsfristen entsprechend zu.

1. Allgemeine Verjährungsfrist 2. Verjährungsfrist für erbrechtliche Ansprüche. 3. Ersatzanspruch des Verleihers aufgrund der Verschlechterung der Leihsache. 4. Zinsansprüche gegenüber der Bank.	a) 6 Monate b) 3 Jahre c) 30 Jahre

Frage 14: Gernot Faber erkundigt sich telefonisch nach einem Produkt und erhält während des Gesprächs ein Angebot. Wie lange ist dieses Angebot gültig? 1 richtige Antwort.

a) Das Angebot ist bis Geschäftsschluss gültig.
b) Das Angebot ist bis zum Ende des Gesprächs gültig.
c) Das Angebot ist 7 Tage gültig.
d) Das Angebot ist 14 Tage gültig.

Frage 15: Wer hat die Kosten für Verpackung und Versand zu tragen, wenn beim Kauf nichts vereinbart wurde? 1 richtige Antwort

a) Verpackung Verkäufer / Versand Käufer
b) Die Kosten werden geteilt.
c) Verpackung und Versand bezahlt der Verkäufer.
d) Verpackung und Versand bezahlt der Käufer.

Lösungen zu Fragenblock H

Frage 1: a, b

Frage 2: b, d

Frage 3: 1a, 2b, 3b, 4a

Frage 4: c

Frage 5: b

Frage 6: b, d

Frage 7: a, c

Frage 8: 1b, 2c, 3d, 4a

Frage 9: a

Frage 10: b

Frage 11: c

Frage 12: b

Frage 13: 1b, 2c, 3a, 4b

Frage 14: b

Frage 15: d

I. Der Betrieb

Die Anzahl der richtigen Antworten ist bei den Fragen angegeben.

Frage 1: Wie wird der Wunsch des Menschen nach Nahrung und Kleidung genannt?
1 richtige Antwort

a) Verbrauchsgut
b) Bedarf
c) Konsum
d) Bedürfnis

Frage 2: Ordnen Sie die Bedürfnisse entsprechend zu.

1. Schutz bei Krankheit 2. Nahrung, Kleidung 3. Bildung 4. Saubere Luft 5. Bücher lesen	a) Grundbedürfnisse b) Sicherheitsbedürfnisse c) Kulturbedürfnisse

Frage 3: Was ist unter „Bedarf" zu verstehen? 1 richtige Antwort

a) Bedarf ist das <u>mit Kaufkraft</u> abgedeckte Verlangen nach Gütern zur Befriedigung der Bedürfnisse.
b) Als Bedarf werden Kulturbedürfnisse bezeichnet.
c) Bedarf ist das <u>ohne Kaufkraft</u> abgedeckte Verlangen nach Gütern zur Befriedigung der Bedürfnisse.
d) Bedarf entsteht nur bei der Nachfrage nach Luxusgütern.

Frage 4: Welche der angegebenen Bedürfnisse sind mit hoher Wahrscheinlichkeit Kollektivbedürfnisse? 2 richtige Antworten

a) Durst
b) Sicherheit
c) Infrastruktur
d) Luxusreisen

Frage 5: Welche Aussage zu „Konsumgut als Verbrauchsgut“ ist richtig?
1 richtige Antwort

a) Produkte, die von Unternehmen gekauft und nach Verwendung wiederverwendet werden können.
b) Produkte, die von Privatpersonen gekauft und nach Verwendung wiederverwendet werden können.
c) Produkte, die von Unternehmen gekauft und nicht wiederverwendet werden können.
d) Produkte, die von Privatpersonen gekauft und nicht wiederverwendet werden können.

Frage 6: Ordnen Sie die Beispiele richtig zu.

1) Wasser, um den Durst zu löschen.	a) Konsumgut als Gebrauchsgut
2) Biertresen im Restaurant	b) Konsumgut als Verbrauchsgut
3) Privatauto	c) Produktionsgut als Gebrauchsgut
4) Computerpapier im Unternehmen	d) Produktionsgut als Verbrauchsgut

Frage 7: Welche Unternehmen werden als Dienstleistungsunternehmen bezeichnet?
2 richtige Antworten

a) Steuerberater
b) Spedition
c) Tischler
d) Autowerk

Frage 8: Welche Merkmale kennzeichnen einen Handwerksbetrieb gegenüber einem Industriebetrieb? 2 richtige Antworten

a) Die Umstellung der Produktion ist nur mit viel Aufwand möglich.
b) Meist Serienfertigung
c) Viele Einzelanfertigungen
d) Nähe zum Kunden

Frage 9: Je nach Produktionsform unterscheidet man Urproduktion, Verarbeitung und Dienstleistung. Welche Form der Produktion sind dem Primärbereich (Urproduktion) zuzuordnen? 2 richtige Antworten

a) Landwirtschaft
b) Versicherung
c) Industriebetrieb
d) Bergbau

Frage 10: Es kann zwischen Konsum- und Investitionsgut unterschieden werden. Welche der genannten Güter sind Investitionsgüter? 3 richtige Antworten

a) Fernsehsessel
b) LKW
c) Büromöbel
d) Drehmaschine

Frage 11: Die Firma Bike AG stellt Fahrräder her. Ordnen Sie die Abteilungen entsprechend zu.

1) Montage der Räder	
2) Einkauf von Bremstrommeln	a) Beschaffung
3) Entwicklung eines neuen Rahmens	
4) Kundenpflege	b) Produktion
5) Ermittlung von Bezugsquellen für bessere Speichen	c) Absatz
6) Marketing	

Frage 12: Gleichartige Fertigungsmaschinen und Arbeitsplätze werden in einer Abteilung zusammengefasst. Um welche Art der Fertigung handelt es sich? 1 richtige Antwort

a) Baustellenfertigung
b) Fließfertigung
c) Werkstattfertigung
d) Reihenfertigung

Frage 13: Wodurch lässt sich die Produktivität eines Unternehmens steigern?
1 richtige Antwort

a) Es werden neue Mitarbeiter eingestellt und somit die Anzahl der Belegschaft erhöht.
b) Die wöchentliche Arbeitszeit wird reduziert.
c) Es wird eine Sonderzahlung für die Mitarbeiter in Aussicht gestellt.
d) Die Produktionsmenge pro Tag wird erhöht.

Frage 14: Die Firma Bike AG stellte an 24 Arbeitstagen im April 450 Fahrräder her. Im Mai wurde eine neue Maschine angeschafft. Es wurden an 24 Arbeitstagen 495 Fahrräder hergestellt. Um welchen Prozentsatz wurde die Arbeitsproduktivität erhöht?
1 richtige Antwort

a) 110 %
b) 10 %
c) 1 %
d) 45 %

Frage 15: Nach welcher Formel wird die Rentabilität eines Unternehmens berechnet?
1 richtige Antwort

a) $\frac{\text{Gewinn x 100}}{\text{Kapital}}$	b) $\frac{\text{Gewinn x Kapital}}{100}$
c) $\frac{\text{Gewinn x 100}}{\text{Fixkosten}}$	d) $\frac{\text{Kapital x 100}}{\text{Gewinn}}$

Lösungen zu Fragenblock I

Frage 1: d

Frage 2: 1b, 2a, 3c, 4a, 5c

Frage 3: a

Frage 4: b, c

Frage 5: d

Frage 6: 1b, 2c, 3a, 4d

Frage 7: a, b

Frage 8: c, d

Frage 9: a, d

Frage 10: b, c, d

Frage 11: 1b, 2a, 3b, 4c, 5a, 6c

Frage 12: c

Frage 13: d

Frage 14: b

Frage 15: a

J. Existenzgründung

Die Anzahl der richtigen Antworten ist bei den Fragen angegeben.

Frage 1: Was sollte ein zukünftiger Unternehmer im Blick haben?
2 richtige Antworten

a) Er sollte auf eine geregelte Arbeitszeit bestehen.
b) Es sollte eine erfolgsversprechende Geschäftsidee vorliegen.
c) Einnahmen und Ausgaben des Betriebes müssen geplant und überwacht werden.
d) Während der ersten Jahre sollte auf eine Krankenversicherung aus Kostengründen verzichtet werden.

Frage 2: Vor Start des Unternehmens sollten wichtige Dinge geplant werden.
Ordnen Sie die Fragestellung dem entsprechenden Plan zu.

1. Wann und wie wollen wir Kunden gewinnen?	a) Personalplanung
2. Sollen Mitarbeiter eingestellt werden?	b) Finanzierungsplan
3. Wie hoch ist der Kapitalbedarf für Maschinen?	c) Marketingplan
4. Wie viel Fremdkapital wird benötigt?	d) Investitionsplan

Situation zu den Fragen 3 - 4

Bea Bäcker möchte für ihr neues Unternehmen einen Transporter anschaffen und beschäftigt sich bei der Finanzierung mit einem Leasingangebot der Firma Comfort Leasing GmbH.

Frage 3: Welches wären Vorteile bei einer Finanzierung über Leasing?
2 richtige Antworten

a) Der Leasing Vertrag ist in der Regel nicht kündbar.
b) Liquidität wird geschont, da das Fahrzeug nicht gekauft werden muss.
c) Leasingraten sind steuerlich als Betriebsausgaben voll absetzbar.
d) Risikoprämie und Gewinn der Leasingfirma müssen mit bezahlt werden.

Frage 4: Wie wären die Besitz- und Eigentumsverhältnisse beim Leasing in diesem Fall? 1 richtige Antwort

a) Bea Bäcker ist Eigentümerin des Transporters. Comfort Leasing ist Besitzer.
b) Comfort Leasing ist Eigentümer des Transporters. Bea Bäcker ist Besitzerin.
c) Bea Becker ist Eigentümerin und Besitzerin des Transporters.
d) Comfort Leasing ist Eigentümer und Besitzer des Transporters.

Frage 5: Bei einer Existenzgründung können auch Hilfestellungen (z. B. Fördermittel) in Anspruch genommen werden. Welche Institutionen stehen oft beratend zur Seite? 2 richtige Antworten

a) Verbraucherschutzorganisationen
b) Industrie- und Handelskammer oder Handwerkskammer
c) Gewerbeaufsichtsamt
d) Kreditinstitute

Situation zu den Fragen 6 - 7
Peter Petersen hat eine neuartige Leiter entwickelt. Er will diese Leiter herstellen und verkaufen.

Frage 6: Peter Petersen überlegt, welche Gesellschaftsform er wählen soll. Welche Aussage ist richtig? 1 richtige Antwort

a) Bei einer Einzelunternehmung kann er die Geschäftsführung allein ausüben.
b) Zur Gründung einer GmbH muss er sich einen Partner suchen.
c) Bei einer KG könnte er die Geschäftsführung als Kommanditist übernehmen.
d) Eine AG ist speziell für kleinere Unternehmen gut geeignet, da die Gründungskosten gering sind.

Frage 7: Peter Petersen hat sich für ein Einzelunternehmen entschieden und möchte die Firma ins Handelsregister eintragen lassen. Wie könnte der Firmenname lauten? 1 richtige Antwort

a) Peter Petersen GmbH
b) Peter Petersen International
c) Peter Petersen e. K.
d) Peter Petersen OHG

Frage 8: Wie erfahren Unternehmen, welche Produkte sich am Markt durchsetzen können und wie diese Produkte ankommen? 2 richtige Antworten

a) Durch Erhebung neuer Daten - Primärforschung
b) Durch den Marketing-Mix
c) Durch Auswertung bereits bestehender Daten - Sekundärforschung
d) Durch Corporate Communications

Frage 9: Jan Jahmann fragt sich, ob er mit Beginn seiner Selbständigkeit weiter automatisch krankenversichert ist?

1. Jan bleibt Pflichtmitglied in der gesetzlichen Krankenversicherung. 2. Jan kann auf Antrag freiwilliges Mitglied einer gesetzlichen Krankenversicherung werden. 3. Jan kann in eine Private Krankenversicherung wechseln. 4. Jan muss mit Beginn der Selbständigkeit in eine Private Krankenversicherung wechseln.	a) Richtig b) Falsch

Frage 10: Drei Kaufleute planen gemeinsam ein Geschäft. Dieses Geschäft wirft voraussichtlich einen Gewinn von 120.000,00 € ab, der nach der Geschäftsbeteiligung verteilt werden soll. Kaufmann A ist zu $^1/_3$ beteiligt, Kaufmann B zu $^1/_4$, Kaufmann C gehört der Rest.

Wie hoch ist der Gewinnanteil von Kaufmann C?
Tragen Sie das Ergebnis in das Kästchen ein.

Situation zu den Fragen 11 - 13
Die Firma Sören Wolfrahm Service e. K. hat ihren ersten Mitarbeiter eingestellt. Keno Baumann hat ein Bruttogehalt von 2485,00 €, Steuerklasse I, kein Kinderfreibetrag, Kirchensteuer 9 % und Lohnsteuer 338,16 €.

Frage 11: Wie hoch ist die Kirchensteuer?
Tragen Sie den Betrag ein.

Weitere Abzüge von Keno Baumann sind:
- Rentenversicherung: 18,6 %
- Arbeitslosenversicherung: 2,4 %
- Krankenversicherung: 14,6 %
- Pflegeversicherung: 3,05 %
- Anteil Pflegeversicherung für Kinderlose: 0,35 %

Frage 12: Berechnen Sie das Nettogehalt.
Tragen Sie den Betrag ein.

Frage 13: Welche Aussage zum eingetragenen Kaufmann (e. K.) ist richtig?
1 richtige Antwort

a) Es handelt sich um eine juristische Person.
b) Zur Gründung sind mindestens 2 Personen notwendig.
c) Der eingetragene Kaufmann haftet nur beschränkt mit seiner Firmeneinlage.
d) Der Inhaber haftet persönlich mit seinem ganzen Vermögen.

Frage 14: Wie wird die strukturierte Untersuchung des Vorhandenseins bestimmter Eigenschaften (Fähigkeiten) eines Mitarbeiters / einer Mitarbeiterin bezeichnet?

a) Karriereplanung
b) Potentialanalyse
c) Stellenbeschreibung
d) Familienplanung

Lösungen zu Fragenblock J

Frage 1: b, c

Frage 2: 1c, 2a, 3d, 4b

Frage 3: b, c

Frage 4: b

Frage 5: b, d

Frage 6: a

Frage 7: c

Frage 8: a, c

Frage 9: 1b, 2a, 3a, 4b,

Frage 10: Kaufmann A: $^{1}/_{3}$ Anteil = $^{4}/_{12}$
Kaufmann B: $^{1}/_{4}$ Anteil= $^{3}/_{12}$
Kaufmann C: Restanteil = $^{5}/_{12}$ vom Gewinn

$$\frac{120.000{,}00\ € \times 5\ \text{Anteile}}{12\ \text{Anteile}} = \mathbf{50.000{,}00\ €}$$

Frage 11 und 12:

Bruttogehalt	2485,00 €	
- Lohnsteuer	338,16 €	
- **Kirchensteuer**	**30,43 €**	**(Frage 11)**
- Krankenversicherung (7,3 % Arbeitnehmeranteil)	181,41 €	
- Rentenversicherung (9,3 % Arbeitnehmeranteil)	231,11 €	
- Arbeitslosenversicherung (1,20 % Arbeitnehmeranteil)	29,82 €	
- Pflegeversicherung (1,525 % Arbeitnehmeranteil)	37,90 €	
- Pflegeversicherung Kinderlose (0,35 %)	8,70 €	
Nettogehalt	**1627,47 €**	**(Frage 12)**

Frage 13: d

Frage 14: b

K. Sozialversicherung

Bei den Multiple-Choice-Aufgaben ist jeweils eine Antwort pro Frage richtig.

Frage 1: Welche Versicherung gehört nicht zu den gesetzlichen Sozialversicherungen?

a) Lebensversicherung
b) Krankenversicherung
c) Rentenversicherung
d) Arbeitslosenversicherung

Frage 2: Für welche gesetzliche Sozialversicherung zahlt allein der Arbeitgeber die Beiträge?

a) Krankenversicherung
b) Rentenversicherung
c) Unfallversicherung
d) Pflegeversicherung

Frage 3: Welche Sozialversicherung wurde im Jahr 1995 eingeführt?

a) Krankenversicherung
b) Pflegeversicherung
c) Unfallversicherung
d) Arbeitslosenversicherung

Frage 4: Bei einer Sozialversicherung wird vom "Generationenvertrag" gesprochen. Was ist damit gemeint?

1. Die schnelle Vermittlung in der Arbeitslosenversicherung	
2. Die "erste Hilfe" in der Krankenversicherung	a) Richtig
3. Die Beitragszahlung von Arbeitgeber und Arbeitnehmer	b) Falsch
4. Das Umlageverfahren in der gesetzlichen Rentenversicherung	

Frage 5: Wie heißt der Träger der gesetzlichen Unfallversicherung?

a) Bundesagentur für Arbeit
b) Berufsgenossenschaften
c) Allgemeine Ortskrankenkassen
d) Ersatzkassen

Frage 6: Zu welcher Gruppe gehört die „Techniker Krankenkasse"?

a) Zu den Ersatzkassen
b) Zu den Allgemeinen Ortskrankenkassen
c) Zu den Pflegeversicherungen
d) Zu den Privatkassen

Frage 7: Ordnen Sie die Aussagen entsprechend zu?

1. Jeder Arbeitnehmer muss gegen Krankheit versichert sein. 2. Der Arbeitnehmer hat die Wahl, in welche Krankenversicherung er einzahlt. 3. Wenn das Einkommen die Beitragsbemessungsgrenze überschreitet, wird der Arbeitnehmer aus der gesetzlichen Krankenversicherung ausgeschlossen. 4. Wenn das Einkommen die Beitragsbemessungsgrenze überschreitet, hat der Arbeitnehmer die Möglichkeit, sich privat zu versichern.	a) Richtig b) Falsch

Frage 8: Welche Leistung wird von der Arbeitslosenversicherung getragen?

a) Krankengeld
b) Übergangsgeld nach einem Arbeitsunfall
c) Rente wegen Minderung der Erwerbsfähigkeit
d) Kurzarbeitergeld

Frage 9: Paul Müller ist auf dem direkten Weg zur Arbeit in einen Unfall verwickelt und wird verletzt. Welche Sozialversicherung muss die Kosten für die anstehende Krankenhausbehandlung von Herrn Müller zahlen?

a) Krankenversicherung
b) Unfallversicherung
c) Pflegeversicherung
d) KFZ-Versicherung von Herrn Müller

Frage 10: Welche der genannten Versicherungen ist eine Individualversicherung?

a) Haftpflichtversicherung
b) Gesetzliche Pflegeversicherung
c) Gesetzliche Rentenversicherung
d) Arbeitslosenversicherung

Frage 11: Die Einstufung der Pflegeversicherung in 5 Pflegegrade wird vorgenommen durch ...

a) den Hausarzt.
b) die Angehörigen.
c) den Medizinischen Dienst der Krankenversicherung.
d) den Durchgangsarzt / Unfallarzt.

Frage 12: Was bedeutet die Beitragsbemessungsgrenze in der gesetzlichen Sozialversicherung?

a) Ab der Beitragsbemessungsgrenze werden die Beiträge nur vom Arbeitgeber bezahlt.
b) Ab der Beitragsbemessungsgrenze werden die Beiträge nur vom Arbeitnehmer bezahlt.
c) Die Beitragsbemessungsgrenze ist der Betrag, bis zu dem Beiträge erhoben werden. Das Einkommen, das über dieser Grenze liegt, wird nicht berücksichtigt.
d) Bruttogehälter von Arbeitnehmern dürfen nicht über der Beitragsbemessungsgrenze liegen.

Frage 13: Ordnen Sie die Leistungen der entsprechenden Sozialversicherung zu.

1) Förderung der beruflichen Weiterbildung	a) Berufsgenossenschaft
2) Krankengeld	b) Pflegeversicherung
3) BAföG	c) Arbeitslosenversicherung
4) Pflegegeld	d) Krankenversicherung
5) Leistung nach Wegeunfall auf dem Weg von / zur Arbeit.	e) Die Leistung wird nicht von einer Sozialversicherung bezahlt.

Frage 14: Wer trägt die Kosten für die gesetzliche Unfallversicherung?

a) Arbeitgeber und Arbeitnehmer zahlen je 50 %.
b) Der Arbeitgeber trägt die Kosten allein.
c) Der Arbeitnehmer trägt die Kosten allein.
d) Die Kosten der gesetzlichen Unfallversicherung werden durch den Staat übernommen.

Frage 15: Die Sozialwahl ist die Wahl zu den Organen der gesetzlichen Sozialversicherungsträger. In welchem Abstand wird sie durchgeführt?

a) Jedes Jahr
b) Alle 2 Jahre
c) Alle 4 Jahre
d) Alle 6 Jahre

Lösungen zu Fragenblock K

Frage 1: a

Frage 2: c

Frage 3: b

Frage 4: 1b, 2b, 3b, 4a

Frage 5: b

Frage 6: a

Frage 7: 1a, 2a, 3b, 4a

Frage 8: d

Frage 9: b

Frage 10: a

Frage 11: c

Frage 12: c

Frage 13: 1c, 2d, 3e, 4b, 5a

Frage 14: b

Frage 15: d

L. Soziale Sicherung / Nachhaltigkeit

Die Anzahl der richtigen Antworten ist bei den Fragen angegeben.

Situation zu den Fragen 1 - 3

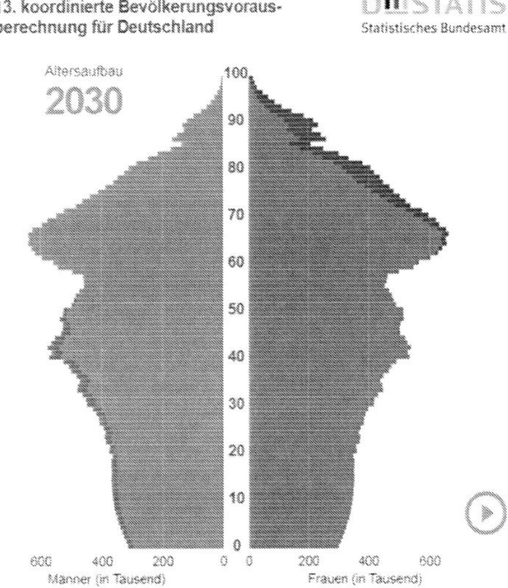

Frage 1: Welche Aussage lässt sich aus der oben abgebildeten Bevölkerungsentwicklung bezüglich der Geburtenrate und der Lebenserwartung von 1990 und 2030 ableiten?
1 richtige Antwort

a) Es wurden 1990 wesentlich weniger Kinder geboren als voraussichtlich 2030 geboren werden.
b) Die Lebenserwartung erhöht sich.
c) Die Lebenserwartung sinkt.
d) Das Durchschnittsalter der Bevölkerung sinkt.

Frage 2: Welche Auswirkungen hat der demografische Wandel auf zukünftige Renten?
1 richtige Antwort

a) Eine Senkung des Renteneintrittsalters ist wahrscheinlich.
b) Die Rentenbeiträge können wahrscheinlich gesenkt werden.
c) Immer weniger Erwerbstätige müssen immer mehr Renten finanzieren.
d) Eine private Altersvorsorge ist aufgrund der Entwicklung nicht notwendig.

Frage 3: Welche Maßnahme könnte zur Bewältigung des demografischen Wandels beitragen? 1 richtige Antwort

a) Förderung von Familienpolitik und Kinderbetreuung.
b) Kürzung der Rentenleistungen.
c) Erhöhung von Leistungen der Arbeitslosenversicherung.
d) Reduzierung der medizinischen Versorgung.

Situation zu den Fragen 4 - 6
Sie werden beauftragt, die Pausenregelungen zu überprüfen.

> **Auszug aus dem Arbeitszeitgesetz (ArbZG)**
>
> **§ 4 Ruhepausen**
> Die Arbeit ist durch im Voraus feststehende Ruhepausen von mindestens 30 Minuten bei einer Arbeitszeit von mehr als sechs bis zu neun Stunden und 45 Minuten bei einer Arbeitszeit von mehr als neun Stunden insgesamt zu unterbrechen. Die Ruhepausen nach Satz 1 können in Zeitabschnitte von jeweils mindestens 15 Minuten aufgeteilt werden. Länger als sechs Stunden hintereinander dürfen Arbeitnehmer nicht ohne Ruhepause beschäftigt werden. …

Frage 4: Die 19-jährige Jette Bömer wird direkt nach der Ausbildung übernommen und arbeitet in Teilzeit 5 Stunden am Tag. Wie hoch ist ihr Pausenanspruch?
1 richtige Antwort

a) Jette Bömer hat nach dem Arbeitszeitgesetz einen Anspruch von mindestens 30 Minuten.
b) Jette Bömer war am Anfang des Jahres noch in der Ausbildung. Entsprechend gilt das Jugendarbeitsschutzgesetz. Somit hat sie einen Anspruch auf 30 Minuten Pause.
c) Sie hat keinen Pausenanspruch nach dem Arbeitszeitgesetz. Der besteht erst ab einer Arbeitszeit von 6 Stunden.
d) Jette Bömer hat nach dem Arbeitszeitgesetz einen Anspruch von mindestens 45 Minuten.

Frage 5: Keno Knabel ist 20 Jahre alt und macht eine Ausbildung als Kaufmann für Groß- und Außenhandelsmanagement. Er fängt um 7.30 Uhr an. Seine tägliche Arbeitszeit beträgt 8 Stunden. Wann muss er nach dem Arbeitszeitgesetz spätestens eine Pause machen? 1 richtige Antwort

a) Er muss spätestens um 13.00 Uhr eine Pause machen.
b) Er muss spätestens um 13.30 Uhr eine Pause machen.
c) Er muss spätestens um 14.00 Uhr eine Pause machen.
d) Er muss spätestens um 14.30 Uhr eine Pause machen.

Frage 6: Die Südwest Großhandel AG möchte „Compliance Richtlinien“ im Personalbereich einführen. Welche Maßnahmen sind in diesem Zusammenhang geeignet?
2 richtige Antworten

a) Vertragsgemäße, ordentliche Bezahlung.
b) Vertrauliche Meldung von Missständen ermöglichen.
c) Erhöhung von Gehältern der Führungskräfte.
d) Streichung der Überstundenvergütung.

Frage 7: Grenzen Sie die Begriffe „individuelles Arbeitsrecht" und „kollektives Arbeitsrecht" voneinander ab. 2 richtige Antworten

a) Beim individuellen Arbeitsrecht werden Arbeitsbedingungen zwischen Arbeitgeber und Arbeitnehmer direkt ausgehandelt.
b) Beim individuellen Arbeitsrecht bestimmt der Arbeitgeber nach Verhandlung mit dem Betriebsrat die Arbeitsbedingungen.
c) Beim kollektiven Arbeitsrecht werden Arbeitsbedingungen durch eine Interessenvertretung ausgehandelt (z. B. Gewerkschaften für eine Branche im Tarifbezirk).
d) Beim kollektiven Arbeitsrecht müssen die vereinbarten Arbeitsbedingungen vom Staat für allgemein verbindlich erklärt werden, damit sie wirksam werden.

Situation zu den Fragen 8 - 10
Bei Tarifverhandlungen zwischen Gewerkschaft und Arbeitgeberverband ist es zu keinem Ergebnis gekommen. Es droht ein Streik.

Frage 8: Wie werden die Vermittlungsbemühungen durch eine unabhängige, unparteiische Person vor einem Streik genannt? 1 richtige Antwort

a) Urabstimmung   b) Friedenspflicht   c) Aussperrung   d) Schlichtung

Frage 9: Welche Aussage zur Urabstimmung ist richtig? 1 richtige Antwort

a) Wenn mindestens 50 % der Gewerkschaftsmitglieder für einen Streik stimmen, dann darf die Gewerkschaft die Betriebe bestreiken.
b) Vor einer Urabstimmung muss eine Schlichtung durchgeführt worden sein.
c) An der Urabstimmung nehmen nur die entsprechenden Gewerkschaftsmitglieder teil.
d) Ein durch eine Urabstimmung beschlossener Streik darf eine gewisse Dauer nicht unterschreiten.

Frage 10: Welche Aussagen zur Gültigkeit eines Tarifvertrages treffen zu?
2 richtige Antworten

a) Der Arbeitnehmer muss Mitglied einer Gewerkschaft sein.
b) Der Tarifvertrag kann vom zuständigen Ministerium für „Allgemeinverbindlich" erklärt werden. Er gilt dann für alle Arbeitnehmer einer Branche.
c) Tarifverträge können mündlich abgeschlossen werden.
d) Tarifverträge werden zwischen einem einzelnen Arbeitgeber und dem Betriebsrat abgeschlossen.

Frage 11: Welches Ziel hat der Europass? 1 richtige Antwort

a) Er macht die beruflichen Abschlüsse innerhalb der Europäischen Union vergleichbar.
b) Er soll Lernen und Arbeiten innerhalb der Europäischen Union vereinfachen und fördern.
c) Er sorgt für ein vereinfachtes Verfahren beim Grenzübertritt.
d) Er dient der Sicherheit innerhalb der Außengrenzen der Europäischen Union.>

Frage 12: Was ist der Hauptunterschied zwischen ökonomischen und ökologischen Zielen in einem Unternehmen? 1 richtige Antwort

a) Ökonomische Ziele beziehen sich auf Finanzen, während ökologische Ziele auf Mitarbeiterbeziehungen abzielen.
b) Ökonomische Ziele betreffen die Produktion, während ökologische Ziele die Produktqualität betreffen.
c) Ökonomische Ziele streben nach Gewinnmaximierung, während ökologische Ziele die Nachhaltigkeit und Umweltverträglichkeit fördern.
d) Es gibt keinen Unterschied zwischen ökonomischen und ökologischen Zielen.

Situation zu den Fragen 13 - 15
Die Nimetz Großhandel OHG mit 98 Mitarbeiter/-innen setzt vermehrt auf das Thema Nachhaltigkeit.

Frage 13: Was ist unter Nachhaltigkeit zu verstehen? 2 richtige Antworten

a) Nachhaltigkeit ist ein Handlungsprinzip zur Nutzung der Ressourcen.
b) Nachhaltigkeit bedeutet den Einsatz moderner Managementmethoden, um den Umsatz zu steigern.
c) Bei nachhaltigen Betrieben werden möglichst günstige Grundstoffe verwendet, um die Lohnbedingungen der Mitarbeiter/-innen zu verbessern.
d) Die natürlichen Regenerationsfähigkeiten der beteiligten Systeme (vor allem von Lebewesen und Ökosystemen) sollen gewährleistet werden.

Frage 14: Beurteilen Sie folgende Vorschläge.

1. Vermehrter Einkauf bei regionalen Zulieferern.	
2. Bezug von ausschließlich den günstigen Produkten für die Betriebskantine.	a) Nachhaltig
3. Vermehrter Einsatz von Mehrweggebinden.	
4. Kein Einkauf von Fair Trade Produkten.	b) Nicht nachhaltig
5. Solaranlage auf dem Dach zur eigenen Stromproduktion.	

Frage 15: In welcher Zeile sind nur erneuerbare Energien genannt? 1 richtige Antwort

a) Sonnenenergie, Steinkohle, Erdwärme
b) Biomasse, Erdwärme, Erdgas
c) Windenergie, Erdwärme, Wasserkraft
d) Erdöl, Wasserkraft, Uran

Lösungen zu Fragenblock L

Frage 1: b

Frage 2: c

Frage 3: a

Frage 4: c

Frage 5: b

Frage 6: a, b

Frage 7: a, c

Frage 8: d

Frage 9: c

Frage 10: a, b

Frage 11: b

Frage 12: c

Frage 13: a, d

Frage 14: 1a, 2b, 3a, 4b, 5a

Frage 15: c

M. Gerichtsbarkeit

Die Anzahl der richtigen Antworten ist bei den Fragen angegeben.

Frage 1: Lukas Maler erhält nach einem Arbeitsunfall eine Unfallrente. Er ist mit der errechneten Höhe nicht einverstanden und möchte dagegen klagen. Welches Gericht ist zuständig? 1 richtige Antwort

a) Sozialgericht
b) Arbeitsgericht
c) Amtsgericht
d) Unfallgericht

Frage 2: Okan Yilmaz wird gekündigt. Er hält die Kündigung für sozial ungerechtfertigt. Welches Gericht ist zuständig? 1 richtige Antwort

a) Sozialgericht
b) Amtsgericht
c) Arbeitsgericht
d) Landgericht

Frage 3: Welche Aussagen zur Arbeitsgerichtsbarkeit sind richtig? 2 richtige Antworten

a) Zuständig ist das Gericht, an dem der Kläger seinen Wohnsitz hat.
b) Zuständig ist das Gericht, an dem die beklagte Partei ihren Firmensitz hat.
c) Vor dem Arbeitsgericht besteht in allen Instanzen Anwaltszwang.
d) In der 1. Instanz besteht kein Anwaltszwang.

Frage 4: Ordnen Sie entsprechend der Zuständigkeit zu.

1) Die Bundesagentur für Arbeit sperrt einem Arbeitslosen das Arbeitslosengeld	
2) Güteverhandlung vor dem Kündigungsschutzprozess	a) Sozialgericht
3) Streitigkeiten in Sachen des Kindergeld- und Erziehungsrechts	
4) Angelegenheiten des Schwerbehindertenrechts	b) Arbeitsgericht
5) Gültigkeit von Tarifverträgen	

Frage 5: Wonach bestimmt sich die örtliche Zuständigkeit beim Sozialgericht? 1 richtige Antwort

a) Wohnort des Beklagten
b) Wohnort des Klägers
c) Wohnort des zuständigen Richters
d) Firmensitz der beklagten Partei

Frage 6: Welche Aussagen zur Sozialgerichtsbarkeit sind richtig? 2 richtige Antworten

a) Vor der Klage muss das Widerspruchsverfahren ausgeschöpft werden.
b) Die Klageerhebung muss durch einen Anwalt erfolgen.
c) Bei der Urteilsfindung haben Berufsrichter und ehrenamtliche Richter das gleiche Stimmrecht.
d) Stimmrecht vor dem Sozialgericht haben nur die Berufsrichter.

Frage 7: Die angestellte Arbeitnehmerin Petra Puk hat einen Prozess vor dem Sozialgericht verloren. Welche Aussage zu den Verfahrenskosten ist richtig? 1 richtige Antwort

a) Der Beklagte hat die Kosten zu tragen.
b) Petra Puk hat alle Kosten zu tragen, da sie den Prozess verloren hat.
c) Petra Puk hat die Kosten zu tragen, die nach ihrem Einkommen berechnet werden.
d) Die Verfahren vor dem Sozialgericht sind für den rechtsuchenden Bürger überwiegend kostenfrei.

Frage 8: Innerhalb welcher Frist ist nach Zugang einer Kündigung eine Kündigungsschutzklage einzureichen? 1 richtige Antwort

a) 2 Wochen b) 3 Wochen c) 4 Wochen d) 6 Wochen

Frage 9: Bei Streitigkeiten zwischen Auszubildenden und dem Ausbildungsbetrieb wird ein Schiedsverfahren durchgeführt. Wer führt dieses durch? 1 richtige Antwort

a) Arbeitsgericht
b) Sozialgericht
c) Industrie- und Handelskammer
d) Berufsschule

Frage 10: Welche Aussagen zur Güteverhandlung beim Arbeitsgericht sind richtig? 2 richtige Antworten

a) Es soll vor Beginn der Verhandlung eine Einigung erreicht werden.
b) Das Verfahrung soll so beschleunigt werden.
c) Der klagende Arbeitnehmer kann auf die Güteverhandlung verzichten.
d) Die Güteverhandlung findet unter Ausschluss der Öffentlichkeit statt.

Frage 11: Karla Kühn ist mit dem Urteil des Arbeitsgerichtes nicht einverstanden. Welches sind Voraussetzungen für eine Berufung? 2 richtige Antworten

a) Das Urteil darf nicht einstimmig gefällt worden sein.
b) Der Streitwert muss über 600 € liegen.
c) Der Anwalt muss die Berufung sofort einlegen.
d) Die Möglichkeit der Berufung muss vom Arbeitsgericht zugelassen worden sein.

Lösungen zu Fragenblock M

Frage 1: a

Frage 2: c

Frage 3: b, d

Frage 4: 1a, 2b, 3a, 4a, 5b

Frage 5: b

Frage 6: a, c

Frage 7: d

Frage 8: b

Frage 9: c

Frage 10: a, b

Frage 11: b, d

M. Der Staat und seine Institutionen / Wirtschaftspolitik

Bei den Multiple-Choice-Aufgaben ist jeweils eine Antwort pro Frage richtig.

Frage 1: Wer ist das Staatsoberhaupt der Bundesrepublik Deutschland und von wem wird es gewählt?

a) Der Bundespräsident. Er wird vom Volk direkt gewählt.
b) Der Bundespräsident. Er wird von der Bundesversammlung gewählt.
c) Der Bundeskanzler. Er wird vom Bundestag gewählt.
d) Der Bundeskanzler. Er wird von den Bundesministern gewählt.

Frage 2: Ordnen Sie die Begriffe der „Gewaltenteilung" entsprechend zu.

1. Gesetzgebende Gewalt	a) Exekutive
2. Ausführende Gewalt	b) Judikative
3. Rechtsprechende Gewalt	c) Legislative

Frage 3: In welchem Abstand finden Bundestagswahlen statt?

a) Alle 2 Jahre
b) Alle 3 Jahre
c) Alle 5 Jahre
d) Alle 4 Jahre

Frage 4: Wie wird die Wirtschaftsordnung in der Bundesrepublik Deutschland genannt?

a) Soziale Marktwirtschaft
c) Kapitalismus
d) Sozialismus
e) Zentralverwaltungswirtschaft

Frage 5: Wer wählt den Bundeskanzler?

a) Der Bundesrat
b) Der Bundestag
c) Die Bundesversammlung
d) Das Volk

Frage 6: Das Grundgesetz ist die rechtliche und politische Grundordnung in der Bundesrepublik Deutschland. In welchem Jahr trat sie in Kraft?

a) 1949 b) 1945 c) 1939 d) 1955

Frage 7: Ordnen Sie dem Bundesland die entsprechende Landeshauptstadt zu.

1. Schleswig-Holstein 2. Brandenburg 3. Bayern 4. Hessen 5. Thüringen	a) Erfurt b) München c) Mainz d) Wiesbaden e) Potsdam f) Dresden g) Kiel

Frage 8: Wie heißt das Verfassungsorgan, durch das die Bundesländer bei der Gesetzgebung und Verwaltung mitwirken können?

a) Bundesrat
b) Kreistag
c) Bundestag
d) Europaparlament

Frage 9: Welches Ziel gehört <u>nicht</u> zum "magischen Viereck"?

a) Angemessenes und stetiges Wirtschaftswachstum
b) Zufriedene Bürger und Bürgerinnen
c) Preisstabilität
d) Außenwirtschaftliches Gleichgewicht

Frage 10: Was ist im Wirtschaftsbereich unter dem "Maximalprinzip" zu verstehen?

a) Ein vorgegebenes Ziel soll mit einem Minimum an Kosten erreicht werden.
b) Ein vorgegebenes Ziel soll mit einem Maximum an Kosten erreicht werden.
c) Mit vorgegebenen Mitteln soll ein Maximum an Ertrag erzielt werden.
d) Mit vorgegebenen Mitteln soll ein Minimum an Ertrag erzielt werden.

Frage 11: Der Staat möchte in einer konjunkturellen Abschwungphase die Nachfrage nach Konsumgütern steigern. Welche Maßnahme wäre geeignet?

1. Erhöhung der Kraftfahrzeugsteuer.	
2. Senkung der Bafög-Sätze.	a) Geeignete Maßnahme
3. Einführung einer neuen Sondersteuer.	b) Nicht geeignete Maßnahme
4. Erhöhung des Kindergeldes.	

Frage 12: Wie wird der höchste Punkt eines Konjunkturverlaufes genannt?

a) Boom
b) Expansion
c) Rezession
d) Depression

Frage 13: Welches Land gehört nicht zur EU?

a) Belgien
b) Polen
c) Türkei
d) Schweden

Frage 14: Welcher Wert gibt den Gesamtwert aller Güter (Waren und Dienstleistungen) an, die innerhalb eines Jahres innerhalb der Landesgrenzen einer Volkswirtschaft hergestellt wurden?

a) Bruttonationaleinkommen
b) Bruttoinlandsprodukt
c) Nettoinlandsprodukt
d) Volkseinkommen

Frage 15: Welche Behörde kann Zusammenschlüsse von Unternehmen verbieten, missbräuchliche Verhaltensweisen untersagen, Auflagen erteilen und Geldbußen verhängen?

a) Wirtschaftsministerium
b) Verbraucherministerium
c) Industrie- und Handelskammer
d) Bundeskartellamt

Lösungen zu Fragenblock N

Frage 1: b

Frage 2: 1c, 2a, 3b

Frage 3: d

Frage 4: a

Frage 5: b

Frage 6: a

Frage 7: 1g, 2e, 3b, 4d, 5a

Frage 8: a

Frage 9: b

Frage 10: c

Frage 11: 1b, 2b, 3b, 4a

Frage 12: a

Frage 13: c

Frage 14: b

Frage 15: d

O. Grundlagen Betriebswirtschaft und Volkswirtschaft

Die Anzahl der richtigen Antworten ist bei den Fragen angegeben.

Frage 1: Welche Aussagen zur Marktwirtschaft sind richtig? 2 richtige Antworten

a) Durch Angebot und Nachfrage wird der Preis festgelegt.
b) Das Angebot wird kurz nach den Wahlen vom Wahlsieger festgelegt.
c) Eine hohe Nachfrage kann zu Preissteigerungen führen.
d) Durch einen 5-Jahres-Plan wird das Angebot festgelegt.

Frage 2: Welche Beispiele wären Investitionen eines Betriebes?

1. Eine Bäckerei schafft sich einen neuen Ofen an.	
2. Streichung des Weihnachtsgeldes für die Mitarbeiter.	a) Investition
3. Für einen neuen Mitarbeiter werden Zuschüsse bei der Arbeitsagentur beantragt.	b) Keine Investition
4. Eine KFZ Werkstatt kauft eine neue Hebebühne.	

Frage 3: Durch welche Maßnahme könnte die Arbeitsproduktivität gesteigert werden? 1 richtige Antwort

a) Die Arbeitszeit wird verkürzt.
b) Die Arbeitszeit wird verlängert.
c) Eine neue, modernere Maschine wird angeschafft.
d) 2 neue Mitarbeiterinnen werden eingestellt.

Frage 4: Bei welchem Beispiel wird nach dem Minimalprinzip gehandelt (Ökonomisches Prinzip)? 1 richtige Antwort

a) Ein Malermeister vergleicht die Preise für Farbe, und kauft beim günstigsten Anbieter.
b) Ein Malermeister kauft für einen bestimmten Betrag so viel Farbe wie möglich.
c) Ein Malermeister holt mindestens 5 verschiedene Angebote ein.
d) Ein Malermeister versucht möglichst viel Farbe für einen möglichst geringen Preis zu kaufen.

Frage 5: Welche Aussage zum Maximalprinzip (Ökonomisches Prinzip) ist richtig? 1 richtige Antwort

a) Mit möglichst geringen Mitteln soll ein bestimmter Ertrag erzielt werden.
b) Mit gegebenen Mitteln soll ein möglichst hoher Ertrag erzielt werden.
c) Mit möglichst geringen Mitteln soll ein möglichst hoher Ertrag erzielt werden.
d) Mit gegebenen Mitteln soll ein gegebener Ertrag erzielt werden.

Frage 6: Welche der genannten Leistungen wird im Wirtschaftszweig Handel erbracht? 1 richtige Antwort

a) Herstellung von Gütern.
b) Herstellung von Rohstoffen.
c) Verteilung von Gütern an den Endverbraucher.
d) Versorgung der Wirtschaft mit Krediten.

Frage 7: Wozu ist wirtschaftliches Handeln notwendig? 1 richtige Antwort

a) Weil Bedürfnisse knapp sind.
b) Weil alle Bedürfnisse mit den Gütern gedeckt werden können.
c) Weil Güter nicht knapp sind.
d) Weil Güter knapp sind.

Frage 8: Welche Aussagen zu einem Kartell sind richtig?

1. Ein Kartell ist ein Zusammenschluss von selbständig bleibenden Unternehmen. 2. Mindestens 4 Firmen sind zur Bildung eines Kartells notwendig. 3. Es entsteht bei der Bildung eines Kartells eine neue Firma. 4. Staatliche Verbote oder Regulierungen sind im Kartellrecht geregelt.	a) Richtig b) Falsch

Frage 9: Durch welche Maßnahmen wird die Nachfrage privater Konsumenten verringert? 2 richtige Antworten

a) Senkung der Umsatzsteuer.
b) Erhöhung der Umsatzsteuer.
c) Erhöhung der Lohnsteuer.
d) Senkung der Lohnsteuer.

Frage 10: Welche Aussagen sprechen für einen Käufermarkt? 2 richtige Antworten

a) Beim Käufermarkt ist das Angebot größer als die Nachfrage.
b) Beim Käufermarkt kann der Verkäufer steigende Preise gut durchsetzen.
c) Beim Käufermarkt kann der Verkäufer steigende Preise nicht durchsetzen.
d) Beim Käufermarkt ist die Nachfrage größer als das Angebot.

Frage 11: Wie wird die Marktsituation genannt, bei der es für ein bestimmtes Gut nur einen Anbieter gibt? 1 richtige Antwort

a) Oligopol
b) Polypol
c) Vollkommener Markt
d) Monopol

Frage 12: Wie bilden sich Preise in der freien Marktwirtschaft? 1 richtige Antwort

a) Durch das Kaufverhalten von Konsumenten und durch den Wettbewerb der Anbieter / Hersteller
b) Durch die Industrie- und Handelskammer
c) Durch die Marktmacht der Verbraucher
d) Durch die Testergebnisse der „Stiftung Warentest"

Frage 13: Welches primäre Ziel verfolgen private Unternehmen? 1 richtige Antwort

a) Gewinnminimierung
b) Gewinnerzielung
c) Schaffung von Arbeitsplätzen
d) Deckung der Kosten

Frage 14: Welches sind die 3 volkswirtschaftlichen Produktionsfaktoren? 1 richtige Antwort

a) Kapital, Banken und Natur
b) Arbeit, Natur und Rohstoff
c) Arbeit, Kapital und Natur
d) Natur, Arbeit und Umwelt

Frage 15: Ein Käufer möchte Heizöl kaufen. Welche Marktsituation ist für den Käufer günstig? 1 richtige Antwort

a) Das Angebot ist größer als die Nachfrage.
b) Das Angebot ist kleiner als die Nachfrage.
c) Das Angebot entspricht genau der Nachfrage.
d) Es gibt nur einen Anbieter.

Lösungen zu Fragenblock O

Frage 1: a, c

Frage 2: 1a, 2b, 3b, 4a

Frage 3: c

Frage 4: a

Frage 5: b

Frage 6: c

Frage 7: d

Frage 8: 1a, 2b, 3b, 4a

Frage 9: b, c

Frage 10: a, c

Frage 11: d

Frage 12: a

Frage 13: b

Frage 14: c

Frage 15: a

P. Steuern und Abgaben

Die Anzahl der richtigen Antworten ist bei den Fragen angegeben.

Frage 1: Welche Aussage zu „Gebühren“ ist richtig? 1 richtige Antwort

a) Eine Gebühr wird für eine bestimmte erbrachte Leistung von der Verwaltung erhoben.
b) Eine Gebühr ist bei der Einfuhr bestimmter Dinge zu zahlen.
c) Eine Gebühr entsteht ohne Anspruch auf eine Gegenleistung.
d) Eine Gebühr wird am Jahresende vom Staat zurückerstattet.

Frage 2: Welche der genannten Steuern sind Verbrauchssteuern? 2 richtige Antworten

a) Lohnsteuer
b) Tabaksteuer
c) Branntweinsteuer
d) Einkommenssteuer

Frage 3: Ordnen Sie die Steuern entsprechend zu.

1. Umsatzsteuer 2. KFZ-Steuer 3. Hundesteuer 4. Stromsteuer	a) Direkte Steuer b) Indirekte Steuer

Frage 4: Was bedeutet die Bezeichnung „progressiver Einkommenssteuertarif“?
1 richtige Antwort

a) Der Einkommenssteuertarif gilt nur für Unternehmer.
b) Ein höheres Einkommen wird prozentual niedriger besteuert.
c) Ein höheres Einkommen wird prozentual auch höher besteuert.
d) Höhere Einkommen werden nur bis zu einer bestimmten Grenze besteuert.

Frage 5: Welche Steuerklasse hat ein lediger und kinderloser Angestellter?
1 richtige Antwort

a) Steuerklasse 1
b) Steuerklasse 2
c) Steuerklasse 3
d) Steuerklasse 4

Frage 6: Welche Kosten können als Werbungskosten abgesetzt werden?
2 richtige Antworten

a) Anschaffungskosten für ein neues Fahrrad
b) Bewerbungskosten
c) Kosten für eine Fortbildung im Beruf
d) Kosten für einen Urlaub

Frage 7: Für ein Produkt wird der Preis erhöht. Welche Steuer erhöht sich im gleichen Verhältnis? 1 richtige Antwort

a) Einkommenssteuer
b) Lohnsteuer
c) Kapitalertragssteuer
d) Umsatzsteuer

Frage 8: Welche Aussage zur Körperschaftssteuer ist richtig? 1 richtige Antwort

a) Die Körperschaftssteuer ist eine Steuer auf das Einkommen juristischer Personen.
b) Eine OHG zahlt Körperschaftssteuer.
c) Der Steuersatz der Körperschaftssteuer beträgt 25 %.
d) Die Körperschaftssteuer ist die typische Steuer der Einzelunternehmung.

Frage 9: Wer legt den Hebesatz für die Gewerbesteuer fest? 1 richtige Antwort

a) Bund b) Bundesland c) Landkreis d) Gemeinde

Frage 10: Ordnen Sie die Steuer entsprechend zu.

1. Erbschaftssteuer 2. Grundsteuer 3. Tabaksteuer 4. Grunderwerbssteuer 5. Hundesteuer	a) Gemeindesteuer b) Ländersteuer c) Bundessteuer

Frage 11: Welches sind Einkünfte aus nicht selbstständiger Arbeit? 2 richtige Antworten

a) Mieteinnahmen für die vermietete Dachgeschosswohnung
b) Urlaubsgeld
c) Zinseinnahmen aus dem Sparbuch
d) Weihnachtsgeld

Frage 12: Ordnen Sie folgende Steuern entsprechend zu.

1) Für diese Steuer wird von der Gemeinde ein Hebesatz festgelegt. 2) Steuer auf im Inland verkaufte Waren. 3) Ertragssteuer für juristische Personen (z. B. Aktiengesellschaften). 4) Steuer auf den Kauf / Verkauf von Grundstücken.	a) Körperschaftssteuer b) Gewerbesteuer c) Lohnsteuer d) Umsatzsteuer e) Grunderwerbssteuer

Frage 13: Welche Aussagen zum Nettolohn sind richtig? 2 richtige Antworten

a) Der Nettolohn wird dem Arbeitnehmer ausbezahlt.
b) Vom Nettolohn sind noch die Sozialversicherungen abzuziehen.
c) Beim Nettolohn wurden die Sozialversicherungsbeiträge und die Lohnsteuer schon abgezogen.
d) Vom Nettolohn wird noch die Lohnsteuer abgezogen und abgeführt.

Frage 14: Sonja Rasant fährt mit ihrem Auto ins 40 km entfernte Hamm zur Arbeit. Sie lässt sich einen Steuerfreibetrag entsprechend eintragen. Welche Auswirkungen hat der Freibetrag? 1 richtige Antwort

a) Der Lohnsteuerfreibetrag senkt den Nettolohn.
b) Der Lohnsteuerfreibetrag senkt das zu versteuernde Bruttoeinkommen.
c) Der Steuerfreibetrag erhöht das zu versteuernde Bruttoeinkommen.
d) Der Lohnsteuerfreibetrag wird auf den Nettolohn geschlagen und muss versteuert werden.

Frage 15: Wie können folgende Ausgaben steuerlich eingeordnet werden?

1. Krankheitskosten (ab einer gewissen Höhe) 2. Kosten für eine Bewerbung 3. Beiträge zur Haftpflichtversicherung 4. Gewerkschaftsbeitrag 5. Beiträge zur gesetzlichen Rentenversicherung	a) Werbungskosten b) Außergewöhnliche Belastung c) Vorsorgeaufwendungen

Lösungen zu Fragenblock P

Frage 1: a

Frage 2: b, c

Frage 3: 1b, 2a, 3a, 4b

Frage 4: c

Frage 5: a

Frage 6: b, c

Frage 7: d

Frage 8: a

Frage 9: d

Frage 10: 1b, 2a, 3c, 4b, 5a,

Frage 11: b, d

Frage 12: 1b, 2d, 3a, 4e

Frage 13: a, c

Frage 14: b

Frage 15: 1b, 2a, 3c, 4a, 5c

Q. Arbeitssicherheit

Die Anzahl der richtigen Antworten ist bei den Fragen angegeben.

Frage 1: Sie sehen folgende Zeichen. Was haben sie zu bedeuten?

Frage 2: Welche Bedeutung haben folgende Zeichen? Unterscheiden Sie zudem in Verbotszeichen, Warnzeichen, Gebotszeichen, Rettungszeichen und Brandschutzzeichen.

Frage 3:

Welche Bedeutung hat dieses Prüfzeichen auf einem Produkt? CE	a) Es zeigt, dass das Produkt allen geltenden europäischen Vorschriften entspricht. b) Produkte mit dem Zeichen haben sich im Alltag bewährt. c) Das Produkt wurde innerhalb der EU produziert.

Frage 4: Beim Einkauf eines neuen Kassendruckers sehen Sie folgendes Zeichen. Welche Aussagen sind richtig? 2 richtige Antworten

a) Durch das GS-Zeichen verlängert sich die Garantie auf den Kassendrucker.
b) Um das GS-Zeichen anbringen zu dürfen, muss der Hersteller sein Produkt von einer zugelassenen Prüfstelle (GS-Stelle) einer Baumusterprüfung unterziehen.
c) Zur Aufrechterhaltung des Zertifikates führt die GS-Stelle Kontrollmaßnahmen (zum Beispiel Überwachung der Fertigungsstätte) durch.
d) Eine Prüfung durch die GS-Stelle ist für alle technischen Geräte vorgeschrieben.

Frage 5: Ein Lieferant stellt 5 große Kartons vor die Kellertür. Die Tür ist als Fluchtweg gekennzeichnet. Es ist viel zu tun. Können die Kartons dort stehen bleiben? 1 richtige Antwort

a) Ja, man kann ja über die Kartons rüber springen.
b) Ja, da es sich nur um eine Kellertür handelt.
c) Nein, die Kartons müssen umgehend entfernt werden.
d) Nein, der Lieferant muss die Kartons bei der nächsten Lieferung wegräumen.

Frage 6: Bund und Länder können Arbeitsschutzvorschriften erlassen. Wer ist für die Überwachung zuständig? 1 richtige Antwort

a) TÜV
b) Gewerbeaufsichtsamt
c) Rentenversicherung
d) Handwerkskammer / Industrie- und Handelskammer

Frage 7: Ein Kollege hat sich beim Tee kochen verbrannt, und wendet sich an Sie. Er hat sich an der Hand verbrannt und seine Haut ist gerötet. Was ist zu tun? 2 richtige Antworten

a) Die Hand in kaltes Wasser tauchen bis der Schmerz aufhört. Dann bei leichten Verbrennungen Brandsalbe auftragen.
b) Die Hand in heißes Wasser tauchen. Dann die Verbrennung mit Pflaster versorgen.
c) Die Hand bis zum Ellenbogen verbinden.
d) Bei schweren Verbrennungen umgehend einen Arzt aufsuchen.

Frage 8: Welche Form und Farbe haben Verbotszeichen? 2 richtige Antworten

a) Die Form ist rund.
b) Die Form ist dreieckig.
c) Die Farbe ist weiß mit rotem Rand.
d) Die Farbe ist blau.

Frage 9: Wer kann Unfallverhütungsvorschriften erlassen? 1 richtige Antwort

a) Betriebsversammlung
b) Betriebsrat
c) Berufsgenossenschaft
d) Rentenversicherung

Frage 10: Welche Form und welche Farbe haben Rettungsschilder? 2 richtige Antworten

a) Die Farbe ist grün mit weißem Symbol darin.
b) Die Farbe ist weiß mit grünem Symbol darin.
c) Die Form ist rund.
d) Die Form ist rechteckig.

Frage 11: Ein Mitarbeiter erleidet einen Betriebsunfall. Welcher Arzt muss aufgesucht werden? 1 richtige Antwort

a) Der Amtsarzt
b) Der zuständige Unfallarzt
c) Der zuständige Allgemeinarzt
d) Der Arzt im nächstgelegenen Krankenhaus

Frage 12: Welche Anforderungen sind an Fluchtwege zu stellen?

1. Sie müssen abgeschlossen sein. 2. Sie müssen stets frei sein (nicht verstellt). 3. Sie dürfen keine Steigung aufweisen. 4. Sie dürfen nicht verschlossen sein.	a) Richtig b) Falsch

Frage 13: Welche Aussagen zum Sicherheitsbeauftragten sind richtig?
2 richtige Antworten

a) Sicherheitsbeauftragte weisen Vorgesetzte auf Arbeitsgefahren hin.
b) Der Sicherheitsbeauftragte ist bei Verstößen gegen die Unfallverhütung zivilrechtlich verantwortlich.
c) Bei der Bestellung des Sicherheitsbeauftragten ist der Betriebsrat zu beteiligen.
d) Nur technische Mitarbeiter eines Unternehmens können Sicherheitsbeauftragte werden.

Frage 14: Welche Regelungen stehen in der Arbeitsstättenverordnung?
2 richtige Antworten

a) Regelungen zur gesetzlichen Unfallversicherung
b) Angaben zu Mindesthöhen in Räumen
c) Maßnahmen zum Schutz von Gefahrstoffen
d) Anforderungen an Pausenräume

Frage 15: Welche Aussagen zur Rücknahme von Verpackungen stimmen?
2 richtige Antworten

a) Verkaufsverpackungen sind immer über das Duale System Deutschland (DSD) zu entsorgen.
b) Hersteller und Vertreiber müssen Transportverpackungen zurücknehmen.
c) Umverpackungen sind vor der Abgabe an den Endverbraucher zu entfernen oder dem Endverbraucher muss auf dem Verkaufsgelände die Möglichkeit zur Entsorgung bereitgestellt werden.
d) Umverpackungen brauchen nicht der Wiederverwertung zugeführt werden.

Lösungen zu Fragenblock Q

Frage 1:
a) Fußschutz benutzen. b) Löschen mit Wasser verboten.
c) Warnung vor gefährlicher elektrischer Spannung d) Kein Trinkwasser
e) Augenschutz benutzen. f) Rauchen verboten
g) Richtungsangabe für Erste-Hilfe-Einrichtungen, Rettungswege, Notausgänge
h) VDE-Zeichen: Verband deutscher Elektrotechniker

Frage 2:
a) Keine offene Flamme; Feuer, offene Zündquelle und Rauchen verboten (Verbotszeichen).
b) Warnung vor einer Gefahrenstelle (Warnzeichen)
c) Rettungsweg/Notausgang links (Rettungszeichen)
d) Schutzhandschuhe tragen (Gebotszeichen).
e) Feuerlöscher (Brandschutzzeichen) f) Erste Hilfe (Rettungszeichen)
g) Warnung vor feuergefährlichen Stoffen (Warnzeichen)
h) Warnung vor ätzenden Stoffen (Warnzeichen)

Frage 3: a

Frage 4: b, c

Frage 5: c

Frage 6: b

Frage 7: a, d

Frage 8: a, c

Frage 9: c

Frage 10: a, d

Frage 11: b

Frage 12: 1b, 2a, 3b, 4a

Frage 13: a, c

Frage 14: b, d

Frage 15: b, c

R. Internationale und nationale Organisationen

Die Anzahl der richtigen Antworten ist bei den Fragen angegeben.

Frage 1: Welche Aussagen zu den UN (United Nations) sind richtig?
2 richtige Antworten

a) Die wichtigste Aufgabe der UN ist die Sicherung des Weltfriedens und die Einhaltung des Völkerrechts.
b) Die UN ist ein Verteidigungsbündnis von westlichen Ländern.
c) Der Hauptsitz der UN ist in New York.
d) Der Hauptsitz der UN ist in Brüssel.

Frage 2: In welcher Antwort sind nur Staaten genannt, die zur EU gehören?
1 richtige Antwort

a) Deutschland, Spanien, Türkei
b) Italien, Belgien, Österreich
c) Italien, Schweiz, Großbritannien
d) Niederlande, Österreich, Brasilien

Frage 3: Welches sind die wichtigsten Exportgüter Deutschlands? 1 richtige Antwort

a) Öl
b) Baumwolle
c) Maschinen
d) Exotische Hölzer

Frage 4: Wenn Deutschland Exportüberschüsse erzielt, bedeutet das, dass ...
1 richtige Antwort

a) der Wert der eingeführten Waren den Wert der ausgeführten Waren übersteigt.
b) der Wert der ausgeführten Waren den Wert der eingeführten Waren übersteigt.
c) der Wert der ausgeführten Waren mit dem Wert der eingeführten Waren übereinstimmt.
d) die Anzahl der ausgeführten Waren im nächsten Jahr reduziert werden muss.

Frage 5: Welche Organisation überwacht weltweit die Finanzsysteme, um bei Zahlungsbilanzproblemen von Ländern bis hin zum Staatsbankrott einzugreifen? 1 richtige Antwort

a) NATO
b) OECD
c) UNESCO
d) IWF

Frage 6: Wo hat der Internationale Gerichtshof seinen Sitz? 1 richtige Antwort

a) Amsterdam
b) Brüssel
c) Den Haag
d) New York

Frage 7: Zu welchem Zweck werden Einfuhrzölle erhoben? 1 richtige Antwort

a) Durch Zölle soll der Import gesteigert werden.
b) Zölle werden erhoben, um die inländische Wirtschaft zu schützen.
c) Durch Zölle soll der Export gesteigert werden.
d) Durch Zölle soll der Wechselkurs beeinflusst werden.

Frage 8: Welche Aussagen zum Begriff „Schwellenland“ sind richtig? 2 richtige Antworten

a) Arbeitnehmer in Schwellenländern haben ein ähnliches Pro-Kopf-Einkommen wie Arbeitnehmer in Deutschland.
b) Bei Schwellenländern ist der Gegensatz von armen und reichen Bevölkerungsschichten oft sehr hoch.
c) Schwellenländer haben ein hohes Lohnniveau.
d) Schwellenländer weisen nicht mehr die Merkmale eines Entwicklungslandes auf. Sie streben wirtschaftlich nach oben und haben oft hohe Wachstumsraten.

Frage 9: Wo hat die Europäische Zentralbank ihren Hauptsitz? 1 richtige Antwort

a) Brüssel
b) Straßburg
c) Frankfurt
d) Berlin

Frage 10: Ordnen Sie den Hauptsitz der Organe der Europäischen Union richtig zu.

1. Europäischer Rat	a) Berlin b) Brüssel
2. Europäisches Parlament	c) Straßburg
3. Gerichtshof der EU	d) Paris e) Luxemburg

Frage 11: Welche Aufgaben hat die Europäische Zentralbank? 3 richtige Antworten

a) Sie überwacht die Geldwertstabilität.
b) Sie legt die Geldmenge fest.
c) Sie verwaltet die Währungsreserven der Eurozone.
d) Sie unterstützt die Einführung von Mindestlöhnen zur Existenzsicherung in der EU.

Frage 12: Durch welche Behörde werden Gesetze überwacht, die den Wettbewerb sichern und z. B. Preisabsprachen verhindern sollen? 1 richtige Antwort

a) Bundesministerium für Wirtschaft
b) Industrie- und Handelskammer
c) Bundeskartellamt
d) Bundesverband der Deutschen Industrie (BDI)

Frage 13: Durch welche Organisationen werden die Interessen von Arbeitnehmern vertreten? 2 richtige Antworten

a) DGB
b) IHK
c) AOK
d) ver.di

Frage 14: Welche Aufgaben werden von den Industrie- und Handelskammern wahrgenommen? 2 richtige Antworten

a) Sie sind Tarifpartner der Gewerkschaften bei den Verhandlung zum Lohn- und Gehaltstarifvertrag.
b) Wahrnehmung der Interessen der Mitgliedsbetriebe.
c) Durchführung der beruflichen Abschlussprüfungen.
d) Wahrnehmung der Interessen der Arbeitnehmer.

Frage 15: Ordnen Sie die Beschreibung der entsprechenden Vereinigung zu.

1. Freiwilliger Zusammenschluss von selbstständigen Handwerksbetrieben	a) Deutscher Gewerkschaftsbund (DGB)
2. Körperschaften des öffentlichen Rechts. Die Interessen der Mitglieder werden gefördert.	b) Bundesverband der Deutschen Industrie (BDI)
3. Dachverband von Einzelgewerkschaften	c) Innung
4. Interessenvertretung von Unternehmen der Industrie	d) Industrie- und Handelskammer / Handwerkskammer

Lösungen zu Fragenblock R

Frage 1: a, c

Frage 2: b

Frage 3: c

Frage 4: b

Frage 5: d

Frage 6: c

Frage 7: b

Frage 8: b, d

Frage 9: c

Frage 10: 1b, 2c, 3e

Frage 11: a, b, c

Frage 12: c

Frage 13: a, d

Frage 14: b, c

Frage 15: 1c, 2d, 3a, 4b

S. Euro / Zahlungsverkehr

Die Anzahl der richtigen Antworten ist bei den Fragen angegeben.

Frage 1: Der Euro wird gegenüber dem US Dollar aufgewertet. Welche Folgen hat das, wenn die Preise entsprechend der Wechselkurse angepasst werden? 2 richtige Antworten

a) Deutsche Waren werden in den USA teurer.
b) Deutsche Waren werden in den USA billiger.
c) Amerikanische Waren werden in Deutschland billiger.
d) Amerikanische Waren werden in Deutschland teurer.

Frage 2: Der Euro verliert in Deutschland an Kaufkraft. Wie wird das genannt? 1 richtige Antwort

a) Deflation
b) Inflation
c) Stagflation
d) Parität

Frage 3: Welche Aussagen zum Begriff „Deflation" sind richtig? 2 richtige Antworten

a) Deflation ist eine signifikante Steigerung des Preisniveaus für Waren und Dienstleistungen.
b) Deflation ist ein allgemeiner, anhaltender Rückgang des Preisniveaus für Waren und Dienstleistungen.
c) Die Kaufkraft des Konsumenten steigt.
d) Die Kaufkraft des Konsumenten sinkt.

Frage 4: Was ist unter Inflation zu verstehen? 1 richtige Antwort

a) Unter Inflation ist das Eingreifen der Europäischen Zentralbank zu verstehen.
b) Unter Inflation versteht man ein andauerndes sinkendes Preisniveau.
c) Unter Inflation versteht man den Kaufkraftverlust des Geldes.
d) Unter Inflation ist die Verschuldung des Staates zu verstehen.

Frage 5: Wie kann Inflation entstehen? 2 richtige Antworten

a) Die Geldmenge steigt im Vergleich zu den Produktionsmöglichkeiten einer Volkswirtschaft stärker an.
b) Die Geldmenge sinkt im Vergleich zu den Produktionsmöglichkeiten einer Volkswirtschaft.
c) Durch Lohnerhöhungen, die über den Produktionssteigerungen liegen.
d) Durch Lohnerhöhungen, die unter den Produktionssteigerungen liegen.

Frage 6: Was ist unter „Wechselkurs“ zu verstehen? 1 richtige Antwort

a) Der Wechselkurs ist die Wertsteigerung des Geldes allgemein.
b) Als Wechselkurs wird das Wertverhältnis zweier Währungen bezeichnet.
c) Der Wechselkurs wird beim Umtauschen von Währungen von den Banken einbehalten.
d) Der Wechselkurs wird beim Wechseln großer Geldsummen von den Banken als Gebühr berechnet.

Frage 7: Ordnen Sie die Währungen entsprechend zu.

1. US Dollar	a) Volksrepublik China
2. Pfund	b) Vereinigte Staaten von Amerika
3. Renminbi	c) Schweiz
4. Franken	d) England

Frage 8: Welche Aussagen zu den „Zahlungsarten“ sind richtig? 2 richtige Antworten

a) Bei der Barzahlung wird der Betrag auf ein Konto gutgeschrieben.
b) Bei der halbbaren Zahlung benötigen beide Beteiligten ein Konto.
c) Bei der halbbaren Zahlung benötigt ein Beteiligter ein Konto.
d) Bei der bargeldlosen Zahlung brauchen die Beteiligten beide ein Konto.

Frage 9: Die 20-jährige Susanne Mikojetz hat ihre Ausbildung beendet und möchte ihr Girokonto umgehend kündigen, da sie aus beruflichen Gründen in eine andere Stadt zieht. Ist dies möglich? 1 richtige Antwort

a) Susanne Mikojetz kann das Konto jederzeit fristlos kündigen.
b) Eine fristlose Kündigung ist nur mit Zustimmung der Bank möglich.
c) Eine Kündigung ist mit einer Frist von 6 Wochen möglich.
d) Eine fristlose Kündigung ist nur möglich, wenn eine Bestätigung über ein neu eröffnetes Girokonto vorgelegt wird.

Frage 10: Für welche Überweisung ist ein Dauerauftrag gut geeignet? 1 richtige Antwort

a) Überweisung eines Bußgeldbescheids
b) Überweisung der Miete
c) Begleichung einer Rechnung
d) Überweisung des Weihnachtsgeldes

Frage 11: Welche Aussagen zur „Riester-Rente“ sind richtig? 2 richtige Antworten

a) Riester-Rente ist eine vom Staat durch Zulagen geförderte private Altersvorsorge.
b) Die Riester-Rente wird statt der normalen Altersrente gezahlt.
c) Die Riester-Rente wendet sich vor allem an Arbeitnehmer.
d) Die Riester-Rente wendet sich vor allem an Unternehmer.

Frage 12: Die Bank möchte einen Kredit mit einer Grundschuld besichern.
Was bedeutet das? 1 richtige Antwort

a) Die Grundschuld erlischt mit Abzahlung des Kredites automatisch.
b) Für den Kredit haftet der Unternehmer immer mit seinem Privatvermögen.
c) Der Kredit muss innerhalb von 5 Jahren getilgt werden.
d) Die Grundschuld wird in das Grundbuch eingetragen.

Frage 13: Was ist ein Kontokorrentkredit? 1 richtige Antwort

a) Ein Kredit zur Finanzierung eines Hauses
b) Ein Kreditrahmen auf einem Girokonto
c) Ein Kredit mit der Laufzeit von unter einem Jahr
d) Ein Kredit mit der Hinterlegung eines Wertgegenstandes

Frage 14: Ordnen Sie die Zahlungsarten entsprechend zu.

1. Barscheck 2. Kreditkarte	a) Barzahlung
3. Zahlung mit Geldmünzen 4. Postnachnahme	b) Halbbare Zahlung
5. Überweisung 6. Lastschrift	c) Bargeldlose Zahlung

Frage 15: Für welche Zahlungen eignet sich das Lastschriftverfahren?
2 richtige Antworten

a) Zahlung der monatlichen Telefonrechnung
b) Kauf eines Hauses
c) Bezahlung von Vereinsbeiträgen
d) Gehaltszahlung

Lösungen zu Fragenblock S

Frage 1: a, c

Frage 2: b

Frage 3: b, c

Frage 4: c

Frage 5: a, c

Frage 6: b

Frage 7: 1b, 2d, 3a, 4c

Frage 8: c, d

Frage 9: a

Frage 10: b

Frage 11: a, c

Frage 12: d

Frage 13: b

Frage 14: 1b, 2c, 3a, 4b, 5c, 6c

Frage 15: a, c

T. Gemischte WiSo-Fragen

Bei den Multiple-Choice-Aufgaben ist jeweils eine Antwort pro Frage richtig.

Frage 1: Welche Personengruppe ist beschränkt geschäftsfähig?

a) Personen bis zur Vollendung des 7. Lebensjahres.
b) Personen vor dem 7. Lebensjahr mit ihrem Taschengeld.
c) Personen die zwar das 7. Lebensjahr, aber noch nicht das 18. Lebensjahr vollendet haben.
d) Personen bis zur Vollendung des 21. Lebensjahres.

Frage 2: Ordnen Sie die Aussagen entsprechend zu.

1. Jeder kann Verträge schließen, so wie er es möchte.	
2. Per Gesetz werden Mütter geschützt.	a) Freie Marktwirtschaft
3. Es gilt der Grundsatz: Eigentum verpflichtet.	
4. Unternehmen können produzieren, was sie möchten.	b) Soziale Marktwirtschaft
5. Privateigentum ist nicht eingeschränkt.	

Frage 3: Ein Arbeitnehmer erhält einen Bruttolohn von 2650,00 Euro. Wovon wird der Beitrag für die gesetzliche Krankenversicherung berechnet?

a) Vom Nettolohn
b) Vom Bruttolohn abzüglich der Werbungskosten
c) Vom Bruttolohn abzüglich der Lohn- und Kirchensteuer
d) Vom Bruttolohn

Frage 4: Eine Jugendliche muss heute bis 20.00 Uhr arbeiten. Ab wann darf sie morgen wieder beschäftigt werden?

a) Ab 6 Uhr b) Ab 7 Uhr c) Ab 8 Uhr d) Ab 10 Uhr

Frage 5: In welchem Gesetz sind die Mitbestimmungsrechte des Betriebsrates geregelt?

a) Betriebsverfassungsgesetz
b) Tarifvertragsgesetz
c) Bürgerliches Gesetzbuch
d) Jugendarbeitsschutzgesetz

Frage 6: Frau Ott ist in der Versandabteilung beschäftigt. Sie ist schwanger und erwartet im Sommer ihr Kind. Was muss der Arbeitgeber nach dem Mutterschutzgesetz beachten?

1. Werdende Mütter dürfen in den letzten sechs Wochen vor der Entbindung nicht beschäftigt werden, es sei denn, dass sie sich zur Arbeitsleistung ausdrücklich bereit erklären; die Erklärung kann jederzeit widerrufen werden. 2. Frau Klein darf während der Schwangerschaft nicht stehend arbeiten. 3. Akkordarbeit ist nur mit Zustimmung der werdenden Mutter erlaubt. 4. Mütter dürfen bis zum Ablauf von acht Wochen nach der Entbindung nicht beschäftigt werden. 5. Eine Kündigung während der Schwangerschaft und bis zum Ablauf von 4 Wochen nach der Entbindung ist nicht zulässig.	a) Richtig b) Falsch

Frage 7: Die Bezeichnung eines Restaurants lautet: "Restaurant Seebrücke, Heinz Müller". Um welche Rechtsform handelt es sich?

a) Offene Handelsgesellschaft
b) Aktiengesellschaft
c) Einzelgesellschaft
d) Gesellschaft mit beschränkter Haftung

Frage 8: Welches ist <u>keine</u> gesetzliche Sozialversicherung?

a) Unfallversicherung
b) Krankenversicherung
c) Rentenversicherung
d) Haftpflichtversicherung

Frage 9: Wer bezahlt die Beiträge zur gesetzlichen Krankenversicherung?

a) Arbeitgeber und Arbeitnehmer
b) Arbeitgeber allein
c) Arbeitnehmer allein
d) Krankenkasse

Frage 10: Zwischen welchen Verbänden finden Tarifverhandlungen statt?

a) Zwischen dem Arbeitsamt und den Gewerkschaften
b) Zwischen dem Arbeitgeberverband und der Berufsgenossenschaft
c) Zwischen dem Arbeitgeberverband und der Gewerkschaft
d) Zwischen der Industrie- und Handelskammer und den Gewerkschaften

Frage 11: Was bedeutet der Begriff "Tarifautonomie"?

a) Streit zwischen Arbeitgeber und Gewerkschaften.
b) Der Tarifvertrag wird ohne Mitwirken des Staates abgeschlossen.
c) Der Tarifvertrag wird mit Mitwirken des Staates abgeschlossen.
d) Der Tarifvertrag ist allgemein gültig.

Frage 12: Der Auszubildenden Paula wird die Zulassung zur Abschlussprüfung verweigert. Welchen Grund kann das haben?

a) Paulas Ausbildungsbetrieb ist in Konkurs gegangen.
b) Paula ist schon dreimal durch die Prüfung gefallen.
c) Paula ist durch die Zwischenprüfung gefallen.
d) Paulas Leistungen im Betrieb sind in der letzten Zeit ziemlich schlecht.

Frage 13: Ein Kaufmann im Einzelhandel verdient 3000,00 Euro monatlich. Der Beitragssatz zu seiner Krankenkasse beträgt 14,6 %, davon trägt der Arbeitgeber 7,3 %. Wie viel Euro werden ihm monatlich von seinem Bruttogehalt abgezogen?

a) 0,00 Euro
b) 438,00 Euro
c) 261,00 Euro
d) 219,00 Euro

Frage 14: Welches ist die "Zuständige Stelle" für die Berufsausbildung?

a) Industrie- und Handelskammer oder Handwerkskammer
b) Arbeitgeberverband
c) Gewerkschaft
d) Berufsschule

Frage 15: Ordnen Sie folgende Verträge entsprechend zu.

<table>
<tr><td>1. Überlassung von Sachen zum Gebrauch und Fruchtgenuss gegen Entgelt.

2. Erwerb eines Gegenstandes gegen Entgelt.

3. Herstellung eines Werkes gegen Entgelt.

4. Ein Arbeitnehmer tritt eine neue Stelle als Kaufmann für Büromanagement an.</td><td>a) Kaufvertrag

b) Leihvertrag

c) Arbeitsvertrag

d) Pachtvertrag

e) Werkvertrag</td></tr>
</table>

Lösungen zu Fragenblock T

Frage 1: c

Frage 2: 1a, 2b, 3b, 4a, 5a

Frage 3: d

Frage 4: c

Frage 5: a

Frage 6: 1a, 2b, 3b, 4a, 5a

Frage 7: c

Frage 8: d

Frage 9: a

Frage 10: c

Frage 11: b

Frage 12: b

Frage 13: d

Frage 14: a

Frage 15: 1d, 2a, 3e, 4c

U. Gemischte WiSo-Fragen

Bei diesem Aufgabenblock ist eine Antwort pro Frage richtig.

Frage 1: Wer ist das Staatsoberhaupt der Bundesrepublik Deutschland?

a) Bundeskanzler
b) Bundespräsident
c) Bundestagspräsident
d) Ministerpräsident

Frage 2: Welches Ziel hat die Wirtschaftspolitik der Bundesregierung?

a) Löhne und Gehälter erhöhen.
b) Steuern senken.
c) Steuern erhöhen.
d) Vollbeschäftigung erreichen.

Frage 3: Ein Hotel hat einen Wellnessbereich neu eingerichtet. Welches Fachwort beschreibt diese Aktion?

a) Umsatz
b) Werbung
c) Investition
d) Hypothek

Frage 4: Wer vertritt bei Tarifverhandlungen die Interessen der Arbeitnehmer?

a) Die zuständige Gewerkschaft
b) Der zuständige Arbeitgeberverband
c) Die Handelskammer
d) Die Berufsgenossenschaft

Frage 5: Welches Produkt ist ein Konsumgut?

a) Laserdrucker
b) Stanzmaschine
c) Schwarzbrot
d) Lagerhalle

Frage 6: Der Euro wird aufgewertet. Wie wirkt sich das auf die deutschen Produkte außerhalb des Euro-Raumes aus?

a) Deutsche Produkte werden billiger.
b) Deutsche Produkte werden teurer.
c) Es gibt keine Auswirkungen.
d) Der Export steigt stark an.

Frage 7: Ordnen Sie die Kurzbeschreibungen der Konjunkturphase zu.

1. Die Konjunktur ist auf dem Tiefstand.	a) Rezession
2. Die Auftragsbestände und die Produktion steigen.	b) Boom
3. Das Bruttosozialprodukt sinkt.	c) Depression
4. Die Wirtschaft ist voll ausgelastet. Es herrscht Vollbeschäftigung.	d) Aufschwung

Frage 8: Ein Unternehmen erhält weniger Aufträge und muss Mitarbeiter entlassen. Welcher Fachausdruck passt hierfür?

a) Rezession
b) Deflation
c) Expansion
d) Konjunkturerholung

Frage 9: Welcher Punkt kennzeichnet den Begriff Marktwirtschaft?

a) Preise werden durch ein Institut festgelegt.
b) Preisbildung durch Angebot und Nachfrage.
c) Die Preise werden durch den Staat festgelegt.
d) Es wird durch den Staat ein Plan aufgestellt.

Frage 10: Die Europäische Zentralbank senkt die Zinsen. Was will sie damit erreichen?

a) Investitionen erschweren.
b) Die Konjunktur bremsen.
c) Die Konjunktur ankurbeln.
d) Kredite verteuern.

Frage 11: Welche Auswirkungen hat eine sinkende Konjunktur auf den Arbeitsmarkt?

a) Der Auftragseingang nimmt zu und es werden viele Einstellungen vorgenommen.
b) Die Konjunktur hat keinen Einfluss auf den Arbeitsmarkt.
c) Die Zahl der Arbeitslosen nimmt ab.
d) Die Zahl der Arbeitslosen steigt.

Frage 12: Was sind Subventionen?

a) Ein staatlicher Zuschuss
b) Eine zusätzliche Einkommenssteuer
c) Sie fallen bei der Einreise nach Deutschland an.
d) Eine Steuerart, die monatlich ans Finanzamt abgeführt werden muss.

Frage 13: Ordnen Sie die Kredite entsprechend zu.

1. Kredit zur Finanzierung eines Hauses mit Besicherung durch Grundbucheintrag.	a) Lieferantenkredit
2. Auf dem Girokonto eingeräumter begrenzter Kredit.	b) Hypothekenkredit
3. Einkauf von Betriebsstoffen auf Ziel.	c) Kontokorrentkredit
4. Kredit zur Finanzierung von Gegenständen des Anlagevermögens.	d) Investitionskredit
	e) Diskontkredit

Frage 14: Für wen gilt der besondere Kündigungsschutz?

a) Praktikant in der Probezeit
b) Leitender Vertriebsmitarbeiter
c) Auszubildender in der Probezeit
d) Schwerbehinderte

Frage 15: Welche Aussage zur „Betriebsvereinbarung" ist richtig?

a) Eine Betriebsvereinbarung wird zwischen Arbeitgebern einer Branche und der zuständigen Gewerkschaft vereinbart.
b) Eine Betriebsvereinbarung ist ein Vertrag, der zwischen dem Arbeitgeber und dem Betriebsrat eines bestimmten Betriebes abgeschlossen wird.
c) Eine Betriebsvereinbarung darf Regelungen des Tarifvertrages entgegenstehen.
d) Eine Betriebsvereinbarung wird als Weisung vom Arbeitgeber nach Kenntnisnahme des Betriebsrats erlassen.

Lösungen zu Fragenblock U

Frage 1: b

Frage 2: d

Frage 3: c

Frage 4: a

Frage 5: c

Frage 6: b

Frage 7: 1c, 2d, 3a, 4b

Frage 8: a

Frage 9: b

Frage 10: c

Frage 11: d

Frage 12: a

Frage 13: 1b, 2c, 3a, 4d

Frage 14: d

Frage 15: b

V. Gemischte WiSo-Fragen

Die Anzahl der richtigen Antworten ist bei den Fragen angegeben.

Frage 1: Welcher Betrieb ist dem Bereich Handwerk zuzuordnen? 1 richtige Antwort

a) Rechtsanwaltskanzlei
b) Dachdecker
c) Bank
d) Unternehmensberatung

Frage 2: Welche Maßnahmen einer Regierung wären zur Belebung der Konjunktur geeignet? 2 richtige Antworten

a) Verstärkte Investitionen in die Infrastruktur, z. B. durch Bau einer neuen Autobahn.
b) Erhöhung der Umsatzsteuer.
c) Senkung der Umsatzsteuer.
d) Verminderung der Ausgaben der Kommunen.

Frage 3: Welche Bedürfnisse zählen zu den Existenzbedürfnissen des Menschen? 2 richtige Antworten

a) Theaterbesuch
b) Grundnahrungsmittel
c) Sportwagen
d) Wohnraum

Frage 4: Hanna Boncek hat einen neuen Arbeitsplatz gefunden. Ab wann hat sie ihren vollen Urlaubsanspruch nach dem Bundesurlaubsgesetz? 1 richtige Antwort

a) Sie hat mit dem Arbeitsantritt Anspruch auf den vollen Erholungsurlaub.
b) Sie hat nach einer 3-monatigen Wartezeit Anspruch auf den vollen Erholungsurlaub.
c) Sie hat nach einer 6-monatigen Wartezeit Anspruch auf den vollen Erholungsurlaub.
d) Sie hat einen Monat nach Ende der Probezeit Anspruch auf den vollen Jahresurlaub.

Frage 5: Jette Kolberg erhält von ihrem Betrieb die Kündigung und möchte gerichtlich dagegen vorgehen. Welche Aussagen dazu sind richtig? 2 richtige Antworten

a) Das zuständige Gericht ist das Sozialgericht.
b) Das zuständige Gericht ist das Arbeitsgericht.
c) Jette Kolberg muss innerhalb von 3 Wochen nach Zugang der Kündigung Kündigungsschutzklage erheben.
d) Jette Kolberg muss innerhalb von 2 Wochen nach Zugang der Kündigung Kündigungsschutzklage erheben.

Frage 6: Leo Lummer arbeitet in einer Firma, die in 2 Monaten von einer anderen Firma übernommen wird. Welche Auswirkungen hat das auf den Arbeitsvertrag von Leo Lummer? 1 richtige Antwort

a) Leo Lummer verliert seinen Arbeitsplatz auch ohne Kündigung wegen des Betriebsübergangs.
b) Die neue Firma übernimmt mit der Firma auch die Arbeitsverträge.
c) Leo Lummer muss einen neuen Arbeitsvertrag mit der neuen Firma abschließen.
d) Die neue Firma hat ein besonderes Kündigungsrecht, welches sie ausüben muss.

Frage 7: Ordnen Sie die Aufgaben der Berufsausbildung entsprechend zu.

1) Durchführung der Abschlussprüfungen	a) Ausbildungsbetrieb
2) Vermitteln der theoretischen Kenntnisse	
3) Vermitteln der praktischen Kenntnisse	b) Berufsschule
4) Eignung der Ausbildungsbetriebe überprüfen	c) Industrie- und Handelskammer Handwerkskammer
5) Ausbildungsvertrag abschließen	

Frage 8: Welche der genannten Gesellschaften sind Personengesellschaften?
2 richtige Antworten

a) e. G.
b) GmbH
c) OHG
d) Kommanditgesellschaft

Frage 9: Herr M. Lajetz wohnt in Lübeck und arbeitet als Industriekaufmann bei der Elbe AG in Hamburg. Wo muss er seine Einkommenssteuererklärung einreichen?
1 richtige Antwort

a) Finanzamt Hamburg
b) Bei seinem Arbeitgeber
c) Finanzamt Lübeck
d) Rathaus Hamburg

Frage 10: Die Firma Sessel Maschinenbau GmbH hat 121 Mitarbeiter/innen. Nach dem Sozialgesetzbuch ist die Firma verpflichtet, einen bestimmten Prozentsatz schwerbehinderter Menschen zu beschäftigen. Wie hoch ist dieser Prozentsatz?
1 richtige Antwort

a) Mindestens 2 %
b) Mindestens 5 %
c) Mindestens 10 %
d) Mindestens 20 %

Frage 11: Bringen Sie die Stufen des Mahnwesens in die richtige zeitliche Reihenfolge.

(   ): Erste Mahnung

(   ): Zahlungserinnerung

(   ): Gerichtlicher Mahnbescheid

(   ): Vollstreckungsbescheid

(   ): Letzte Mahnung

Frage 12: Welche Mitarbeiter/innen haben einen besonderen Kündigungsschutz?
2 richtige Antworten

a) Werdende Mütter bis 4 Monate nach der Entbindung
b) Personalratsmitglieder
c) Arbeitnehmer mit Führungsaufgaben
d) Mitarbeiter unter 25 Jahren

Frage 13: Wer vertritt die „Gesellschaft mit beschränkter Haftung“ nach außen?
1 richtige Antwort

a) Vorstand
b) Komplementär
c) Geschäftsführer
d) Hauptversammlung

Frage 14: Welche Beispiele sind „zweiseitige Rechtsgeschäfte“? 2 richtige Antworten

a) Kaufvertrag
b) Kündigung
c) Mahnung
d) Werkvertrag

Frage 15: Welche Aussagen über Kreditkarten treffen zu? 2 richtige Antworten

a) Kreditkarten müssen in Hotels und Restaurants akzeptiert werden.
b) Die Kreditkarte zählt zu den bargeldlosen Zahlungsmitteln.
c) Bei Bezahlung mit Kreditkarte wird dem Kunden ein Nachlass gewährt.
d) Die Gebühren / Transaktionskosten trägt der Händler.

Lösungen zu Fragenblock V

Frage 1: b

Frage 2: a, c

Frage 3: b, d

Frage 4: c

Frage 5: b, c

Frage 6: b

Frage 7: 1c, 2b, 3a, 4c, 5a

Frage 8: c, d

Frage 9: c

Frage 10: b

Frage 11: 2 – 1 – 4 – 5 – 3
Zahlungserinnerung - Erste Mahnung - Letzte Mahnung - Gerichtlicher Mahnbescheid - Vollstreckungsbescheid

Frage 12: a, b

Frage 13: c

Frage 14: a, d

Frage 15: b, d

✂ ✂ ✂ Lösungsblatt / Vordruck ✂ ✂ ✂

Hier können Sie die Lösungen zu den Aufgaben eintragen

(Download dieses Vordrucks unter top-pruefung.de/vordruck-1.pdf)

Test	Test	Test	Test
1.	1.	1.	1.
2.	2.	2.	2.
3.	3.	3.	3.
4.	4.	4.	4.
5.	5.	5.	5.
6.	6.	6.	6.
7.	7.	7.	7.
8.	8.	8.	8.
9.	9.	9.	9.
10.	10.	10.	10.
11.	11.	11.	11.
12.	12.	12.	12.
13.	13.	13.	13.
14.	14.	14.	14.
15.	15.	15.	15.

Ein Wort zum Schluss

Glückwunsch, Sie haben vielleicht schon den einen oder anderen Aufgabenblock bearbeitet. Ziel dieses Buches ist es, eine gute Prüfungsvorbereitung zu einem günstigen Preis zu entwickeln.

Wenn Ihnen unser Buch weitergeholfen hat, dann empfehlen Sie es bitte weiter, gerne auch in Form einer positiven Rezension.

Claus G. Ehlert . Autor